U0036048

零基礎到了解紫微斗數的二十五堂課

周星飛 著

零基礎到了解紫微斗數的二十五課

繼《飛星紫微斗數，這樣學最快懂》和《紫微斗數論鬼神》二本書出版之後，深獲各界好評。不過對於零基礎的同學們，第一本書是有初中級的水平，第二本鬼神論是專業高級的難度。所以，知青頻道的李老闆建議我針對零基礎的同學，寫一本「零基礎到了解紫微斗數的二十課或是三十堂課」，經過仔細分析，要寫這一本書，就必須從「陰陽、天干地支、五行生剋、五行的意義、八卦」去著手學習，然後，把紫微斗數的組成元素「宮、星、象、四化」分別論述之後，再從我熟悉的飛星四化的領域裡去作說明，再寫紫微斗數能延伸運用的範圍，期望能一步一步的讓同學們能夠由小而大，像積木一樣，由最小的單位，把紫微斗數的整體架構起來，能來獲得一個整體的了解，這個是本書的思考的程式。

但是，這些非常基礎的課程也是一般五術共同的課程，寫入書中難免有些文抄公之疑慮，不過為了讓本書，真的是能讓從零基礎的同學一步一步的從頭了解紫微斗數，還是要把這些基礎寫進書中的，不過會盡可能只是提到一下。期望有些基礎的同學們，不要誤會寫這本書是為了抄而抄的。本書更加期望是更多零基礎的同學，透過按這本書的課程，一課一課的學習，能夠對於各種五術的基礎有一定的了解，當然，進一步對紫微斗數有整體的概念，進而學習更加深入，被能增長智慧、改變人生。此書，會運用大量的圖解，來解釋各種基礎。讓生硬的文字，能透過圖表，而快速的記憶跟理解。

學習紫微斗數不論是三合還是飛星，各有其優勢和特點，歸根到底都是屬於斗數的範疇，你可以理解的，你可以看懂的，就是適合你的，用起來也準確度高的，不管什麼流派，星性，星系，宮位飛化等基礎都必須堅實。

抄正確的命例和知識，有助於快速學習斗數，光用看的，效果是不大的。有些朋友急於學習飛星最後把自己飛的暈頭轉向，終究還是學習的順序錯誤所導致的問題，這點還是要多加強一番的。

周星飛　敬筆　二〇一七年五月八日

我每本書都要說些道理，想要導正一下前輩們或是後學者的心態。以下有幾點提供大家參考：

一、易學是科學：

其實世間存在很多我們不知道的事，有時候，我們眼睛是看不到的，但是透過命盤，或是透過易學，是會知道一點點的。所以，易學是預測學也好，是玄學也好，是哲學也好，是科學也好，其實都對。世間萬物有其運行的規則。易學就是把這些未知的「天地因果規則」文字化。來證明這些看不到，未知、未來的世界是存在的。

二、洩天機的問題：

我們的命是我們自己造成的！

太上感應篇：「禍福無門，唯人自召。」書經：「非天夭民，民終絕命。」

並非上蒼使人短命，短命是他自己的惡業造成的。我們的命是我們自己造成的！老天爺只是個審判官，他只是根據我們為善還是為惡加以判定我們的命而已。

我們種的善因就得善果，種惡因就得惡果。所以，命決定在我們自己手上，我們想要好命還是壞命，全看我們自己。

命理、風水師有什麼「果報」，也都是一樣的，不在於洩天機而孤貧夭餓絕！

而在於二個方面：

一、心存不正，撈錢、騙財騙色。

二、自作聰明，幫人「消災解厄、作法驅鬼、圈地作風水」。

第一點：因果自負，道理很明白。

第二點：想要跟「神鬼、業力」拚搏一下？先想一想是不是自己斤兩足夠？畫個符？鬼神就跑了？業力就消了？有可能嗎？

所以，命理師、風水師、所有的五術先生，或是西方占星者……最好要先了解自己能不能幹這些事，不然，出來混的，遲早都要還的。

三、到底是命理師？還是和尚？道士？

看了太多所謂的命理師，講沒二句命理，就講到「佛理」，要信佛法，要信了凡四訓，勸人為善。

不然，就是講沒二句命理，就要你花錢改命、改運、改名字…買改運商品了。

所以，看來看去，所謂「真正的命理師」來說。一千個找不到一個，九百九十九個都是「佛師，或是道士」。

命理師，先把命算對了，再來勸人為善才是真的。不要把自己的角色搞混了，算不準就說，因為我信佛了，有行善了，所以人生就改變了。照道理來說，你的八字、命盤還是沒有改變。那表示，你之前的命也沒算準過，之後的命也未必算準了，又那來的說「你把命算準」了？

所以，這個角色的問題，希望各位老師仔細思考，別把「行善積德」當作命算不準的藉口。八字、命盤從來沒有改變過的。

四、吹噓的大師：

當然，一定要命盤對的才可以研究。很多人拿錯的命盤，自己吹噓也很多的。最常見，就是「喔！這個就是馬雲的八字、命盤，這個就是郭台銘的八字、命盤」。然後拿到八字、命盤就開始吹了，講的好像一付「馬雲本人、郭台銘本人給你親算過一樣」有看過這種老師吧？你們別這樣子去吹噓啊。名人沒給你們算過的，就不要自己吹噓的。就像研究歷代帝王的生辰八字一樣，我常說「死無對證」，要怎麼吹都可以的，不要講的身歷其境一樣。

論命的過程絕對是是嚴謹的，不是二句話，就斷定一輩子了，也很多大師愛搞這一套的，二句話就斷一生。百分之九十九這樣子斷的人，都是不學無術的。

一、倚老賣老型：很多就仗著「我學了四十年的斗數了」搞個「資格老」；

二、賣弄門派型：或是仗著「我是什麼名門正派的XX派的」，搞個「招牌大」；

然後二句話就斷事了。太多這種大師了，千萬要記得，不要變成這種人的。

命理這個「理」字，說簡單很簡單，一理可以走天下。說難也很難，因為理有很多啊。一個飛化多少象義？一張命盤要從一歲解釋到九十九歲，怎麼解釋啊？所以，還有太多未知的解釋還沒有找到的，千萬不要說，學三天就要變大師。

五、謹守口業：

子午相沖、丑未相沖，這種很常見的斷語：比如說「父親屬鼠、小孩屬馬」，就有些老師會說「父子生肖相沖或是相剋，發展不順利」之類的。我聽過幾個，因為這種斷語造成「父母、子女、兄弟、姊妹」失和的，實在是有點難過的。

所以，命理師一言讓家庭失和，也是容易發生的事的，大家謹慎一點的。命理上也有些太武斷的事，也不能相信，但是，有些合於命理的東西也不能信，這裡面的取捨，概念是知道，但是未必能說清楚，當然只能課堂上說說故事，還有大家看命盤的過程慢慢去累積經驗的。謹慎發言。

六、過往花絮——梁若瑜

民國七十五年，夏夜晚飯後，連襟欲往某濟公神壇問明牌而相邀為伴。茶餘飯後，反正閒也是閒著，欣然共行。

連襟一路敘述該濟公神壇明牌極準，香火鼎盛。到達目的地，果然人聲沸鼎。連襟謂余既來之則安之促掛號，不問明牌也可以問事。

好吧！我就問斗數學習是否能更上層樓？叫號到我，師父問：人皆想錢問明牌，獨你與眾不同，問啥事？答：問斗數學習，名師何處覓？

但見師父慢條斯理，倒酒三杯命我喝，云：喝了才說！

喝畢，師云：該有的師緣都經過了，剩下的自己好好用心悟吧！

天啊！斗數的路是這麼難走，一路來是悟了些許道理。挽鏡自憐，白髮蒼蒼矣！

剩下的心願是：我不要後學者走冤枉路，我不要後學者以不正確的命理自誤誤人，因果律是如影隨形。

簽到與否，在我個人感覺，似乎不是那麼重要。我最希望的是有心在此家族，願：

一、斗數共進階。

二、他日若有小成，謹守口業，為人解惑啟善，行功立德！

三、所有有緣人，福壽康寧！

後續：

恩師說得真好！怎樣才叫謹守口業呢？

答：謹守口業是：任何對人可能造成心理傷害的話，都應謹慎、婉轉。

譬如於當事者面前，斷人離婚與死亡，切勿好高欲凸顯功力而直言傷人，造成恐懼、偏激而壞人前途。

尤以火候未成熟時，切勿斬釘截鐵陳說。最好心存善念，感同身受的用心於苦難者。

目錄

第一部份

五術的共同基礎篇

第一課

太極生兩儀，兩儀生四象，四象生八卦，八卦演萬物

總圖：

太極生兩儀，兩儀生四象，四象生八卦，八卦演萬物

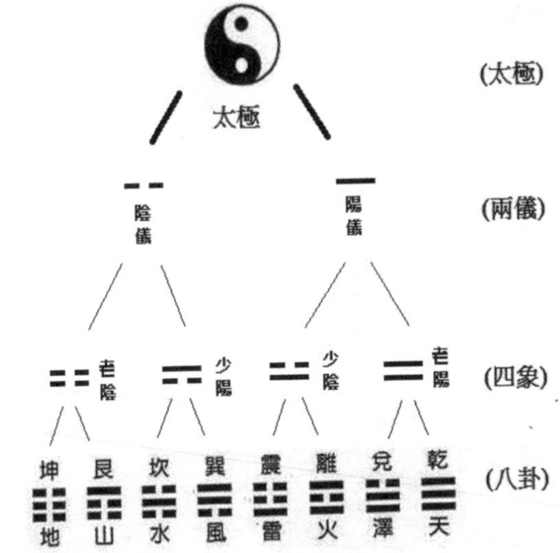

(太極)
太極
(兩儀)
陰儀
陽儀
(四象)
老陰
少陽
少陰
老陽
(八卦)
坤
艮
坎
巽
震
離
兌
乾
地
山
水
風
雷
火
澤
天

一、五術共同基礎：

太極生兩儀，兩儀生四象，四象生八卦，八卦演萬物。

「周易辭詞」：「是故易有太極，是生兩儀，兩儀生四象，四象生八卦，八卦定吉凶，吉凶生大業。」太極，即太一，指天地未分時的混沌狀態。兩儀，指天地，此處指陰陽二氣。四象，是指少陰、少陽、老陰、老陽，在四時則為春夏秋冬。八卦，乾、坤、震、巽、坎、離、艮、兌。二個八卦就是六十四卦。其他內容，不作論述、簡單帶過。

1、太極：

天地、陰陽氣尚未分開，混沌一起。天地未開。

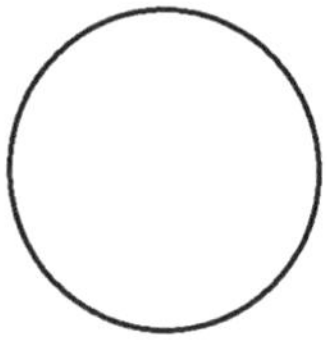

2、兩儀：

分陽陰：清氣上昇、濁氣下降。

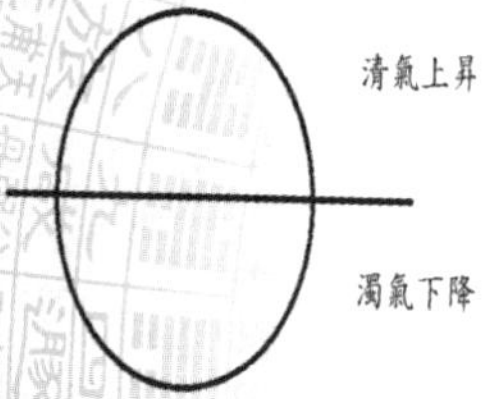

⚊ 陽 ⚋ 陰

一陽、一陰，正反對立，代表符號為：一長黑為陽，二短黑為陰。陰陽的概念，來自於自然觀察。古人觀察到自然界中各種對立又相聯的大自然現象，如天地、日月、晝夜、寒暑、男女、上下等，以哲學的思想方式，歸納出「陰陽「的概念。

3、四象：

陽陽、陽陰、陰陽、陰陰：春夏秋冬：

（1）、陽陽（老陽、天、地都是陽氣）：夏天。

（2）、陰陰（老陰、天、地都是陰氣）：冬天。

（3）、陽陰（少陽、天為陽氣、地為陰氣）：春天。

（4）、陰陽（少陰、天為陰氣、地為陽氣）：秋天。

夏為老陽，冬為老陰，這二個最容易理解。

春為少陽，是從冬天盡了，陽氣開始生，一點點陽開始，是少陽。

秋為少陰，是從夏天開始變涼了，陰氣開始生了，一點點陰氣開始了，所以，是少陰。

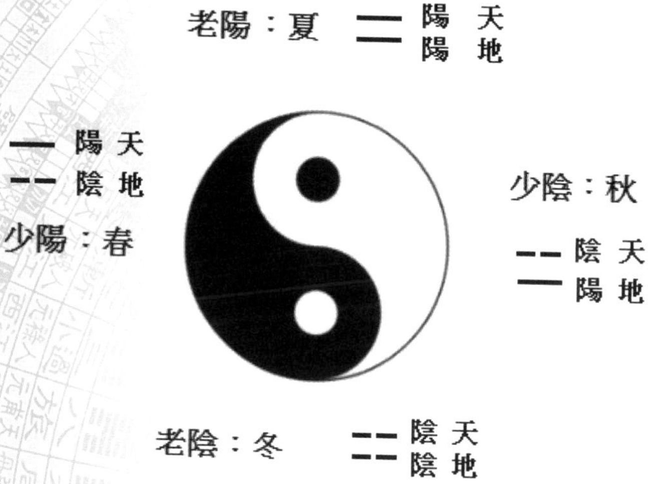

老陽：夏
陽 天
陽 地
少陰：秋
陰 天
陽 地
老陰：冬
陰 天
陰 地
少陽：春
陽 天
陰 地

4、八卦：

四儀再加陰陽：乾：陽陽陽、坤：陰陰陰……

口訣：乾三連，坤六斷；震仰盂，艮覆碗；離中虛，坎中滿；兌上缺，巽下斷。

八卦，即乾、坤、震、巽、坎、離、艮、兌。

乾（天），坤（地），艮（山），兌（澤），震（雷），巽（風），坎（水），離（火），各自代表不同的自然現象。

5、先天八卦與後天八卦：

（1）、先天八卦表現的是立體的關係，而不是平面的關係。「說卦」上對於先天八卦的來歷是這樣說的：天地定位，山澤通氣，雷風相薄，水火不相射，八卦相錯。數往者順，知來者逆，是故，易，逆數也。天地定位，如何定位？「繫辭、上」裡說：天尊地卑，乾坤定矣。也就是說，天在上，而地在下，天地就是這樣產生的。

(2)後天八卦表現的是平面關係。「說卦」上說：帝出乎震，齊乎巽，相見乎離，致役乎坤，說言乎兌，戰乎乾，勞乎坎，成言乎艮。萬物出乎震，震東方也。齊乎巽，巽東南也；齊也者，言萬物之絜齊也。離也者，明也，萬物皆相見，南方之卦也，聖人南面而聽天下，向明而治，蓋取諸此也。坤也者，地也，萬物皆致養焉，故曰：致役乎坤。兌，正秋也，萬物之所說也，故曰：說言乎兌。戰乎乾，乾西北之卦也，言陰陽相薄也。坎者水也，正北方之卦也，勞卦也，萬物之所歸也，故曰：勞乎坎。艮，東北之卦 也。萬物之所成終而成始也，故曰：成言乎艮。

（3）二者的運用差別：先天八卦的主要作用是用來定位的。

乾為老父親，方位居南方，屬性為陽。

坤為老母親，方位居北方，屬性為陰。

震為大兒子，方位居東北，屬性為陽。

坎為二兒子，方位居西方，屬性為陽。

艮為三兒子，方位居西北，屬性為陽。

巽為大女兒，方位居西南，屬性為陰。

離為二女兒，方位居東方，屬性為陰。

兌為三女二，方位居東南，屬性為陰。

後天八卦判斷人事物吉凶，按後天八卦各卦包含的內容斷準就足夠，家庭各成員的斷法：

以後天卦位。

老父：主位乾、次位離、輔助位兄弟排行。

老母：主位坤、次位坎、輔助位姐妹排行或妯娌排行。

大兒子：主位震，次位艮、輔助位屬相位。

二兒子：主位坎，次位兌、輔助位屬相位。

三兒子：主位艮，次位乾、輔助位屬相位。

大女兒：主位巽，次位坤、輔助位屬相位。大兒媳婦對應大女兒。

二女兒：主位離，次位震、輔助位屬相位。二兒媳婦對應二女兒。

三女兒：主位兌，次位巽、輔助位屬相位。三兒媳婦對應三女兒。

了解一點概念即可，深入研究的時間還沒到。

第二課

河圖、洛書；五行概要：金木水火土

五行生剋圖

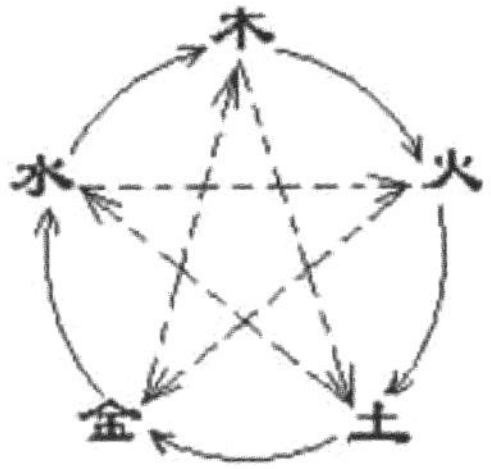

九宮圖

4	9	2
3	5	7
8	1	6

河圖

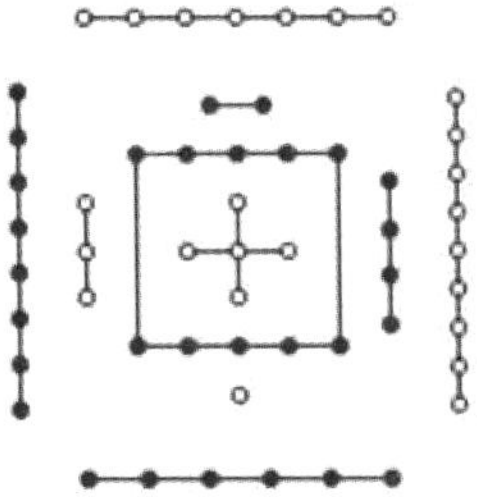

洛書

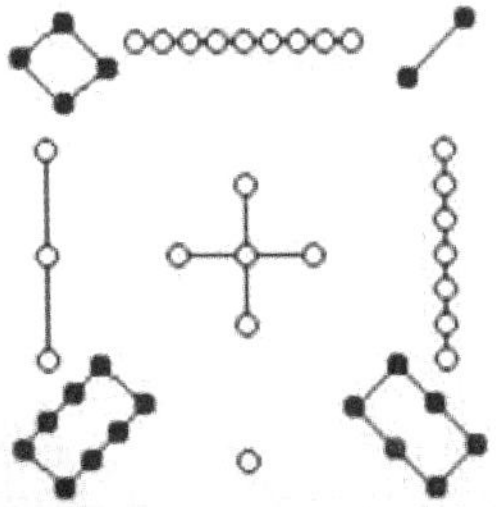

一、河圖、洛書：

「易經」中的數來自河圖、洛書。「易經」本身非常神秘，成書於何時、為何人所著一直有爭議，比「易經」更久遠的河圖、洛書神秘程度更要加倍，簡直可以稱為天書。伏羲氏見到在黃河裡見到了一個長著既像龍又像馬的怪獸，看到它身上的花紋和斑點受到啟發，畫出了八卦的符號。後人將這個怪獸稱為龍馬，其背上的圖案叫河圖，伏羲氏所畫八卦稱為先天八卦。

與「河圖」的形成相似，大禹治水的時候遇到瓶頸找不到解決方法，有一天洛水中冒出來一隻神龜，神龜背上也有很多圖案，被後人稱為「洛書」，這大禹見到洛書，茅塞頓開，成功地治好水患。

河圖、洛書上以數來說明。河圖之數講究天地生成（陰陽正配）之數，其中單數為陽、為天，有五個（一三五七九），合數是二十五；偶數為陰、為地，也有五個（二四六八十）和數是三十。合計五十五。

具體到水火木金土五行的出現就是：「天一生水，地六成之；地二生火，天七成之；天三生木，地八成之；地四生金，天九成之；天五生土，地十成之」。

古人認為河圖是先天，洛書是後天，河圖以天地化合生成五行分在四方，洛書則以五行的生剋制化而變為九宮。

洛書以五居於中，取一二三四六七八九居於四周，其對角、縱橫三數之和均為十五，其中：一六生成水居於北和西北，二七生成火居於西和西南，四九生成金居於南和東南，三八生成木，居於東和東北，五居於中土，統乎四方。

關於河圖八卦與節氣、方位如何相配，洛書九宮與八風、節氣、方位如何相配歷來也是研究者爭論的不休的話題。一般採用：

一、六，五行為水。

二、七，五行為火。

三、八，五行為木。

四、九，五行為金。

五、十，五行為土。

二、洛書九宮圖：

把洛書的圖，變成「數字」排列。

大禹治水的時候，在黃河支流洛水中，有一天突然浮規出一個大神龜，當時，大禹與治水士兵正在河邊現察洛河水情，商議治理黃河大計，遇到神龜在河裡上下翻騰就十分奇怪，只見此龜行走水面，游來游去，其身形龐大，甲背平圓。

近處仔細觀看，發現甲上載有九種花點的圖案，大禹令士兵們將圖案中的花點佈局記了下來，帶回去作了深入的研究，他驚奇地發現，九種花點數正好是一到九這九個數，各數的位置排列也相當奇巧，縱橫六線及兩條對角線上三數之和都為十五，既均衡對稱，又深奥有趣，在奇偶數的交替變化之中似有一種旋轉運動之妙。

大禹受到啟發，他參照九數而劃分天下於九別，並且把一般政事也區分為九奧。據「史記．夏本紀」寫道：夏禹治水時，「左準通、右規矩，載四時，以開九州，通九道，陂九澤……」大禹治水以九宮為據，應用到測量、氣象、地理與交通運輸之中，從而治理黃河，大獲成功，受到黃河兩岸人們的擁戴。由於神龜所背圖是在黃河支流洛水中發現，且圖中內容如書一樣深奧，故人們稱此為洛書。

「九子斜排，上下對易，左右相更，四維挺出，戴九履一，左三右七，二四為肩，六八為足」，每一橫排、豎排及對角線上的三個數字之和均等於十五，跟現代的「數獨」是一樣的道理。

三、五行的概念：

1、五行之相生關係：水生木、木生火、火生土、土生金、金生水。

2、五行之相剋關係：水剋火、火剋金、金剋木、木剋土、土剋水。

3、五行方位：東方木、南方火、西方金、北方水、中央土。

4、五行所屬象義：

水：色黑、主腎膀胱、五官為耳、五情為恐、五德為智、五味為鹹。

金：色白、主肺、大腸、骨、五官為鼻、五情為悲、五德為義、五味為辛。

土：色黃、主脾、胃、五官為口、五情為思、五德為信、五味為甘。

火：色赤、主心、小腸、五官為舌、五情為喜、五德為禮、五味為苦。

木：色青、主肝、膽、筋、五官為目、五情為怒、五德為仁、五味為酸。

5、五行旺相死囚休：

春木旺，火相，土死，金囚，水休。

（解釋：木旺了，就生火，克土，金就不動、水就停止休息。）

夏火旺，土相，金死，水囚，木休。

秋金旺，水相，木死，火囚，土休。

冬水旺，木相，火死，土囚，金休。

6、洛圖九宮裡，就可以有「東西南北中」的概念。

也可以把「東方木、南方火、西方金、北方水、中間土」套進去。

7、五術的介紹圖解：

五術

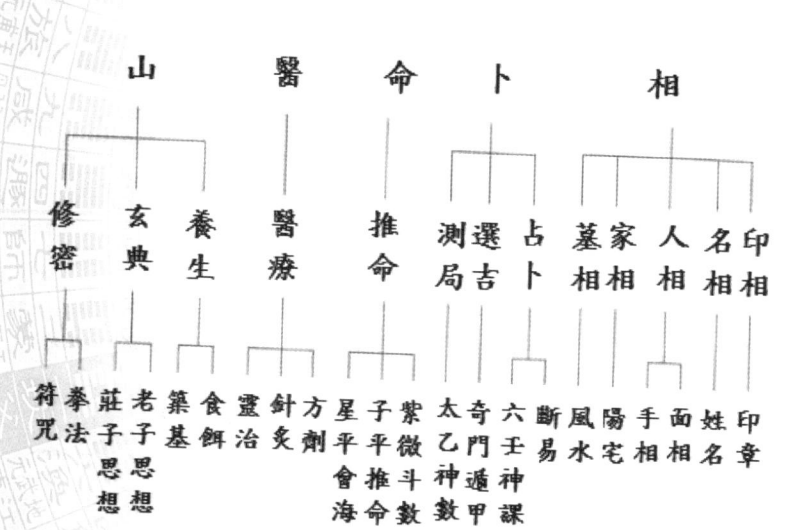

- 山
  - 修密
    - 符咒
    - 拳法
  - 玄典
    - 莊子思想
    - 老子思想
  - 養生
    - 築基
    - 食餌
- 醫
  - 醫療
    - 靈治
    - 針灸
    - 方劑
- 命
  - 推命
    - 星平會海
    - 子平推命
    - 紫微斗數
- 卜
  - 測局
    - 太乙神數
  - 選吉
    - 奇門遁甲
  - 占卜
    - 六壬神課
    - 斷易
- 相
  - 墓相
    - 風水
  - 家相
    - 陽宅
  - 人相
    - 手相
    - 面相
  - 名相
    - 姓名
  - 印相
    - 印章

第三課

十天干概要

一、十天干：

甲、乙、丙、丁、戊、己、庚、辛、壬、癸。

二、十天干分陰陽：

(1)甲、丙、戊、庚、壬、為陽，為正、為大。

(2)乙、丁、己、辛、癸、為陰，為負，為小。

三、天干分五行：

(1)甲乙屬木，甲為陽木，乙為陰木。

(2)丙丁屬火，丙為陽火，丁為陰火。

(3)戊己屬土，戊為陽土、己為陰土。

(4)庚辛屬金、庚為陽金、辛為陰金，

(5)壬癸屬水，壬為陽水，癸為陰水。

四、十天干的五行屬性

甲乙同屬木，甲為陽木，屬於棟樑之木；乙為陰木，屬於花草之木。

丙丁同屬火，丙為陽火，屬於太陽之火；丁為陰火，屬於燈燭之火。

戊己同屬土，戊為陽土，屬於城牆之土；己為陰土，屬於田園之土。

庚辛同屬金，庚為陽金，屬於斧鉞之金；辛為陰金，屬於首飾之金。

壬癸同屬水，壬為陽水，屬於江河之水；癸為陰水，屬於雨露之水。

五、十天干的方位：

甲乙東方木、丙丁南方火、戊己中央土、庚辛西方金、壬癸北方水。

六、十天干四季所屬：

甲乙屬春、丙丁屬夏、戊己屬長夏，庚辛屬秋。壬癸屬冬。

甲乙為春季（農曆一到三月）；丙丁為夏季（農曆四到六月）；

庚辛為秋季（農曆七到九月）；壬癸為冬季（農曆十到十二月）；

戊己屬長夏，寄於四季（為每季的末月、三、六、九、十二月都帶土）。

七、十天干配人體：

甲為頭、乙為頸，丙為肩，丁為齒、舌、目，戊已為面、鼻。庚為筋、辛為胸，壬為脛、癸為足。

八、十天干配臟腑：

甲肝、乙膽、丙小腸、丁心、戊胃、己脾鄉、庚為大腸、辛為肺、壬為膀胱、癸腎臟。

「單為腑，雙為臟。即五臟六腑」。

九、十天干化合：

甲與己合化土、乙與庚合化金、丙與辛合化水、丁與壬合化木、戊與癸合化火。

十、十天干相沖剋：

甲庚沖、（木、金）、乙辛沖、（木、金）。

丙壬沖、（火、水）、丁癸沖、（火、水）。

第四課

十二地支概要

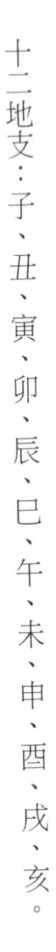

十二地支：子、丑、寅、卯、辰、巳、午、未、申、酉、戌、亥。

一、十二地支的意義：

子是茲的意思，指萬物茲萌於既動之陽氣下。

丑是紐，陽氣在上未降。

寅是移，引的意思，指萬物始生寅然也。

卯是茂，言萬物茂也。

辰是震的意思，物經震動而長。

巳是起，指陽氣之盛。

午是仵的意思，指萬物盛大枝柯密佈。

未是味，萬物皆成有滋味也。

申是身的意思，指萬物的身體都已成就。

酉是老的意思，萬物之老也。

戌是滅的意思，萬物盡滅。

亥是核的意思，萬物收藏。

二、十二地支分生肖：

子、丑、寅、卯、辰、巳、午、未、申、酉、戌、亥。

子鼠、丑牛、寅虎、卯兔、辰龍、巳蛇、午馬、未羊、申猴、酉雞、戌狗、亥豬。

三、十二地支陰陽所屬：

1、子、寅、辰、午、申、戌。為陽。為正、為大。

2、丑、卯、巳、未、酉、亥。為陰。為負、為小。

四、十二地支五行：

1、寅卯屬木、寅為陽木、卯為陰木。

2、巳午屬火，巳為陰火，午為陽火。

3、申酉屬金，申為陽金，酉為陰金。

4、亥子屬水，子為陽水，亥為陰水。

5、辰戌丑未屬土，辰戌屬陽土，丑未屬陰土。

備註：怎麼來背：寅為開始，陽木，卯是陰木，辰是陽土、巳是陰火，午為陽火……以此類推，就能理解上面說的。

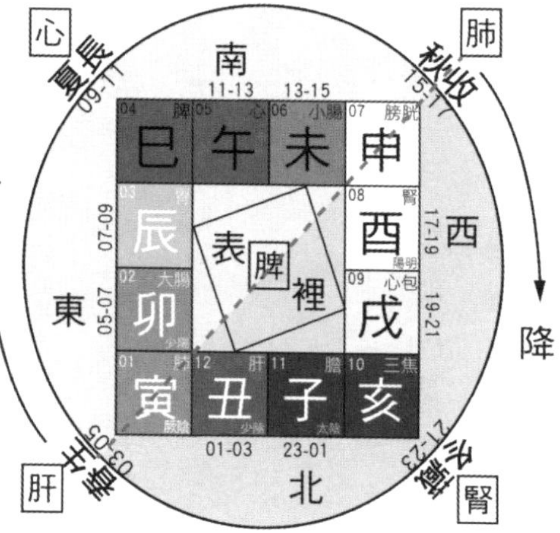

五、十二地支方位：

1、寅卯東方木。

2、巳午南方火。

3、申酉西方金。

4、亥子北方水。

5、辰戌丑未四季土。辰、戌、丑、未在每個季度的最後一個月，故為四季土。

備註：辰是木土、丑是火土、戌是金土、丑是水土。

六、十二地支分月份再分四季：

1、一月在寅，二月卯，三月辰，四月巳，五月午，六月未，七月申，八月酉，九月戌，十月亥，十一月子，十二月丑。

2、春季：寅卯辰。

3、夏季：巳午未。

4、秋季：申酉戌。

5、冬季、亥子丑。

七、十二支臟腑所屬：

（這個跟十二經絡運行不一樣，是從五臟六腑的五行來看的）

寅為膽，卯為肝、辰為胃、巳為心、午為小腸，未為脾胃，申為大腸，酉為肺、戌小腸、亥為腎、子為膀胱。

原則區分：寅卯屬木：膽、肝。

巳午屬火：心、小腸。申酉屬金：大腸、肺。

亥子屬水：腎、膀胱。辰未戌丑：胃脾。

八、十二時辰配臟腑：

中醫理論，十二經絡流注。（跟「七」的理論不同）

1、子時（二十三點至一點）膽經旺，膽汁推陳出新。

2、丑時（一點至三點）肝經旺，肝血推陳出新。

3、寅時（三點至五點）肺經旺。

4、卯時（五點至七點）大腸經旺，有利於排泄。

5、辰時（七點至九點）胃經旺，有利於消化。

6、巳時（九點至十一點）脾經旺，有利於吸收營養、生血。

7、午時（十一點至十三點）心經旺，有利於周身血液迴圈，心火生胃土有利於消化。

8、未時（十三點至十五點）小腸經旺，有利於吸收營養。

9、申時（十五點至十七點）膀胱經旺，有利於瀉掉小腸下注的水液及周身的火氣。

10、酉時（十七點至十九點）腎經旺，有利於貯藏一日的臟腑之精華。

11、戌時（十九點至二十一點）心包經旺，再一次增強心的力量，心火生胃土有利於消化。

12、亥時（二十一點至二十三點）三焦通百脈，人進入睡眠，百脈休養生息。

九、十二地支三合：見圖解。

1、申子辰合化為水局，（看子屬水）。

2、亥卯未合化為木局，（看卯屬木）。

3、寅午戌合化為火局，（看午屬火）。

4、巳酉丑合化為金局，（看酉屬金）。

十、十二地支三會：

寅卯辰：屬木

巳午未：屬火

申酉戌：屬金

亥子丑：屬水

12地支的三合

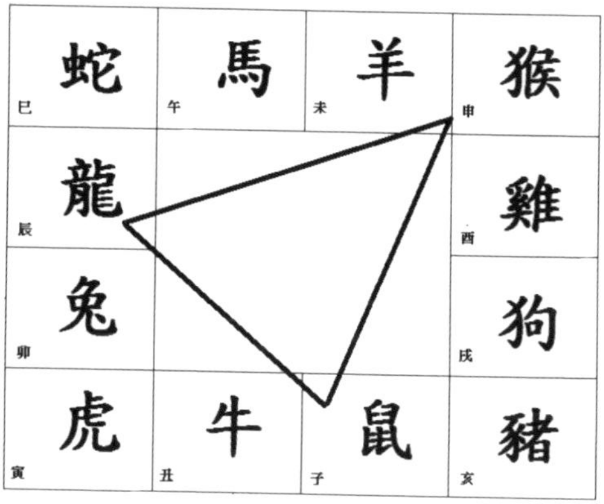
蛇 巳
馬 午
羊 未
猴 申
龍 辰
雞 酉
兔 卯
狗 戌
虎 寅
牛 丑
鼠 子
豬 亥

子是正北，屬水 申子辰合化為水局，(看子屬水)

卯是正東，屬木 亥卯未合化為木局，(看卯屬木)

丑未辰戌是屬土、亥子屬水、寅卯屬木、巳午屬火、申酉屬金。

所以，丑是水跟土，辰是木跟土，未是火跟土，戌是金跟土。

十一、十二地支六合與合化：

子與丑合、化土，

寅與亥合、化木，

卯與戌合、化火，

辰與酉合、化金，

巳與申合、化水，

午與未合，午為太陽，未為太陰，合而為土。

十二、十二地支相沖：見圖解。

子午相沖，丑未相沖，

寅申相沖，卯酉相沖、

辰戌相沖，巳亥相沖。

12地支 相沖

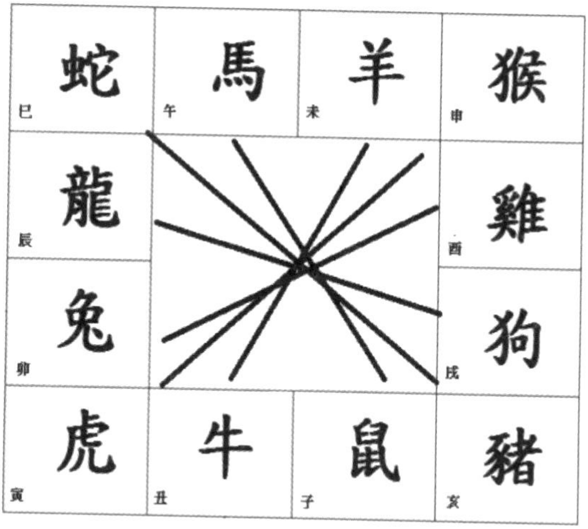

蛇 巳
馬 午
羊 未
猴 申
龍 辰
雞 酉
兔 卯
狗 戌
虎 寅
牛 丑
鼠 子
豬 亥

十三、十二地支相害：見圖解。

子未相害，

丑午相害，寅巳相害，卯辰相害，申亥相害，酉戌相害。

12地支 相害

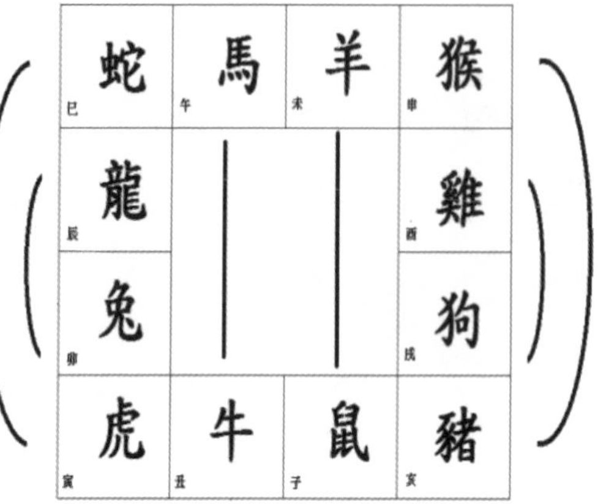
蛇 巳
馬 午
羊 未
猴 申
龍 辰
雞 酉
兔 卯
狗 戌
虎 寅
牛 丑
鼠 子
豬 亥

十四、十二地支相刑：

子刑卯、卯刑子，為無禮之刑。

寅刑巳，巳刑申，申刑寅，為恃勢之刑。

丑刑未、未刑戌，戌刑丑、為無恩之刑。

辰午酉亥為自刑。

十五、怎麼玩這個「易」學，都是可以的。

不離（陽陰、五行、十天干、十二地支⋯），所以，大家學愈多的時候，也許可以發現很多可以玩的項目。這個就是我想帶給各位學習的目標之一，不要限制在某一個學派上面的。就像紫微斗數，也可能是其他的五術演變而來的。就像河圖、洛書演變「山、醫、命、卜、相」一樣，將來，紫微斗數也可能又會演變成某一個五術也說不定的。留給各位去發現、發展了。

第五課

不同派別的命盤的樣子，與大概說明

一、三合、飛星、四化命盤的排法：

紫微斗數的排盤方法大概分為：三合跟四化，但是四化派，因為「標示的不同」又分飛星跟四化派二種的排盤。

三合派用星最多，少用四化。飛星派、四化派用星比較少。二大派別的論述、星、四化比重不同而已。

不同的門派也一樣：有的側重三合，四化少一點，有的門派，四化多一點，三合少一點，如此而已。

(一)先把星曜分類：

1、甲級星：

(1)十四正曜：

a、北斗：紫微星、貪狼星、巨門星、廉貞星、武曲星、破軍星。

b、南斗：七殺星、天相星、天同星、天機星、天梁星、天府星。

c、中天：太陽星、太陰星。

(2)副曜：

a、六吉星：

(a)、北斗：文曲星、左輔星、右弼星。

(b)、南斗：文昌星、天魁星、天鉞星。

b、六煞星：

(a)、北斗：擎羊星(羊刃)、陀羅星。

(b)、南斗：火星、鈴星。

（c）、中天：地空星、地劫星。

d、四化星：化祿星、化權星、化科星、化忌星。

e、北斗：祿存星；中天：天馬星。

2、**乙級星：**

(1)吉星、中天：台輔星、封誥星、恩光星、天貴星、龍池星、鳳閣星、三台星、八座星、天官星、天福星、天才星、天壽星、紅鸞星、天喜星、解神星、天巫星、天德星、月德星。

(2)凶星、中天：天空星、天刑星、天姚星、天哭星、天月星、陰煞星、年解星、華蓋星、咸池星。

3、**丙級星：**

(1)長生、沐浴、冠帶、臨官、帝旺、衰、病、死、墓、絕、胎、養、博士、力士、青龍、小耗、將軍、奏書、飛廉、喜神、病符、大耗、伏兵、官府、截路、空亡、旬中。

(2)凶星：中天：天傷星、天使星。

4、**丁級星：**將星、攀鞍、歲驛、歲破、歲建、龍德。

5、**戊級星：**息神、劫煞、災煞、天煞、指背、月煞、亡神、晦氣、喪門、貫索、官符、小耗、大耗、白虎、吊客、病符。

（二）不同派別的星曜區分：

1、每個一派別，甲級正曜一定都有。

a、飛星派一定會加用：文昌文曲左輔右弼，其他星就沒用。

b、四化派，就會加到六吉星六煞星的。

c、三合派，就是全用上了。

（三）認識十天干化曜表：四化派必用。

干為「天」，支為「地」。有所謂氣之流行（因時間流轉而變化），而在天成「象」，在地成「形」。四化為象，必倚天干而化；不同的天干，衍生出了不同的化象。下表為十天干化曜表，請後學者要熟記。

十天干化曜表

天干＼四化	化祿	化權	化科	化忌	口訣
甲干	廉貞	破軍	武曲	太陽	甲廉破武陽
乙干	天機	天梁	紫微	太陰	乙機梁紫陰
丙干	天同	天機	文昌	廉貞	丙同機昌廉
丁干	太陰	天同	天機	巨門	丁陰同機巨
戊干	貪狼	太陰	右弼	天機	戊貪陰右機
己干	武曲	貪狼	天梁	文曲	己武貪梁曲
庚干	太陽	武曲	太陰	天同	庚陽武陰同
辛干	巨門	太陽	文曲	文昌	辛巨陽曲昌
壬干	天梁	紫微	左輔	武曲	壬梁紫左武
癸干	破軍	巨門	太陰	貪狼	癸破巨陰貪

註：壬 (rén)、癸 (guǐ)、弼 (bì)；五筆：壬 (tfd)、癸 (wgd)、弼 (xdb)。

聽到不少初學的朋友不會唸這些字。這裡標注正確的發音，供大家學習參考。

1、十天干：甲 (jiǎ)、乙 (yǐ)、丙 (bǐng)、丁 (dīng)、戊 (wù)、己 (jǐ)、庚 (gēng)、辛 (xīn)、壬 (rén)、癸 (guǐ)。

2、十二地支：子 (zǐ)、丑 (chǒu)、寅 (yín)、卯 (mǎo)、辰 (chén)、巳 (sì)、午 (wǔ)、未 (wèi)、申 (shēn)、酉 (yǒu)、戌 (xū)、亥 (hài)。

二、各種命盤的介紹：

1、三合派的命盤：

a、小星多。大概一個宮位，都有三到九個星的。

b、三合派會有一個「身宮」。

c、講的「格局」、日月反背、馬頭帶劍……。

d、廟旺利陷：它的基本意義是指：星曜因座落的位置不同，所產生的影響力。

它的強度，分為「廟、旺、利、得地、平、閑、陷」七個等級，這七級也可以理解為星曜的亮度，由最亮遞減到微光。

整體而言，任何星曜以入廟最佳，能將星曜的優點全部發揮，吉星祥瑞，凶星不惡。最不利者為落陷，將星曜缺失的一面曝露出來，遇到凶煞之星，更露出猙獰可怕的面目。

廟旺利陷的制定，古籍沒有明載，但一般均認為，廟旺利陷是以星曜和宮位的五行生剋來制定。

紫微斗數命盤-三合派

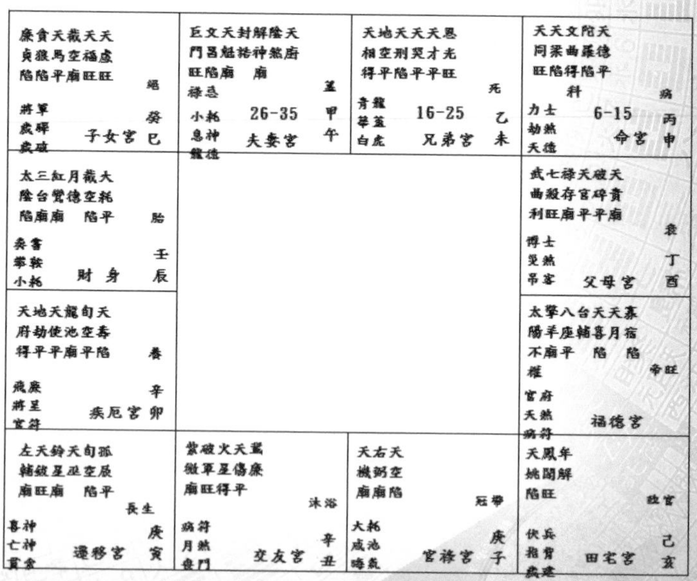

廉貪天截天天 貞狼馬空福虛 陷陷平廟旺旺 絕 將軍 癸 歲驛 歲破 子女宮 巳	巨文天封解陰天 門昌魁誥神煞廚 旺陷廟 廟 祿忌 墓 小耗 26-35 甲 息神 夫妻宮 午 龍德	天地天天天恩 相空刑哭才光 得平陷平平旺 死 青龍 16-25 乙 華蓋 白虎 兄弟宮 未	天天文陀天 同梁曲羅德 旺陷得陷平 科 病 力士 6-15 丙 劫煞 命宮 申 天德
太三紅月截大 陰台鸞德空耗 陷廟廟 陷平 胎 奏書 壬 攀鞍 小耗 財 身 辰			武七祿天破天 曲殺存官碎貴 利旺廟平平廟 衰 博士 災煞 丁 吊客 父母宮 酉
天地天龍旬天 府劫使池空壽 得平平廟平陷 養 飛廉 辛 將星 疾厄宮 卯 官符			太擎八台天天寡 陽羊座輔喜月宿 不廟平 陷 陷 權 帝旺 官府 天煞 福德宮 病符
左天鈴天旬孤 輔鉞星巫空辰 廟旺廟 陷平 長生 喜神 庚 亡神 遷移宮 寅 貫索	紫破火天蜚 微軍星傷廉 廟旺得平 沐浴 病符 辛 月煞 交友宮 丑 喪門	天右天 機弼空 廟廟陷 冠帶 大耗 庚 咸池 官祿宮 子 晦氣	天鳳年 姚閣解 陷旺 臨官 伏兵 己 指背 田宅宮 亥 歲建

2、飛星派的命盤：

有的只有甲級十四星加昌曲左右。或是有的是：甲級十四星加六吉六煞星會標注：生年四化跟命宮四化，二組四化。

紫微斗數命盤－飛星派

忌 ↖ ↗ [祿]

廉貞 貪狼 [忌] 36 - 45 癸巳 子女宮	巨門(祿) 文昌(忌) [科] 26 - 35 甲午 夫妻宮	天相 16 - 25 乙未 兄弟宮	天同 天梁 文曲(科) 6 - 15 丙申 命宮
太陰 [46 - 55] 壬辰 財帛宮	辛亥年 男命		武曲 七殺 丁酉 父母宮
天府 辛卯 疾厄宮			太陽(權) 戊戌 福德宮
左輔 庚寅 遷移宮	紫微 破軍 辛丑 交友宮	天機 右弼 [權] 庚子 官祿宮	己亥 田宅宮

3、四化派的命盤：

一般都是甲級星而已，一共三十二星。跟祿權科忌用ＡＢＣＤ代替。

來因宮。宮干跟生年同干，子丑不算。比如說下圖，是辛年生，那交友跟疾厄都是辛。那「交友在丑」，不算來因，所以，來因宮就只有疾厄宮。

紫微斗數命盤－ 四化派

廉貞 貪狼 天馬 癸巳 36 - 45 子女宮	巨門 A 文昌 D 天魁 甲午 26 - 35 夫妻宮	天相 天刑 地空 乙未 16 - 25 兄弟宮	天同 天梁 文曲 C 陀羅 丙申 6 - 15 命宮
太陰 紅鸞 壬辰 46 - 55 財帛宮	辛亥年 男命		武曲 七殺 祿存 丁酉 父母宮
天府 地劫 辛卯 疾厄宮 來因			太陽 B 天喜 擎羊 戊戌 福德宮
左輔 鈴星 天鉞 庚寅 遷移宮	紫微 破軍 火星 辛丑 交友宮	天機 右弼 庚子 官祿宮	天姚 己亥 田宅宮

商
定
丁
辰
癸甲
天培
天市
天廚
艮
丑
寅
正
丙寅
戊寅
庚寅
壬寅
癸丑
辛丑
己丑
丁丑

第二部份

飛星紫微斗數的共同基礎篇

第六課

我所熟悉的梁派飛星紫微解釋：名詞、符號解釋、解盤手法

一、飛星派相關的名詞解釋：

1、生年四化、命宮四化：○圈圈裡是生年四化，口方格裡是命宮四化。

2、化出、化入：

命宮丙廉貞忌入子女宮，命宮是「化出宮」，子女宮是「化入宮」。

紫微斗數命盤-飛星派

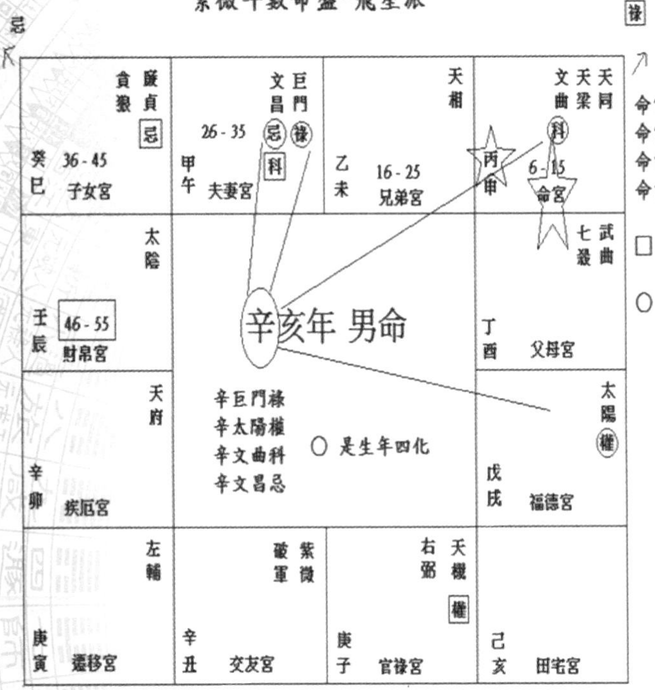
忌
祿
廉貞 貪狼 忌
癸巳 36-45 子女宮
巨門 祿 文昌 忌 科
26-35
甲午 夫妻宮
天相
乙未 16-25 兄弟宮
天同 天梁 文曲 科
丙申 6-15 命宮
太陰
壬辰 46-55 財帛宮
武曲 七殺
辛亥年 男命
丁酉 父母宮
天府
辛卯 疾厄宮
辛巨門祿
辛太陽權
辛文曲科
辛文昌忌
○ 是生年四化
太陽 權
戊戌 福德宮
左輔
庚寅 遷移宮
紫微 破軍
辛丑 交友宮
天機 權 右弼
庚子 官祿宮
己亥 田宅宮

命宮丙天同自化祿
命宮丙天機權入官祿
命宮丙文昌科入夫妻
命宮丙廉貞忌入子女

□ 是命宮四化

○ 是生年四化

3、自化、化入對宮：箭頭向外。

（1）命宮的宮干是丙，天同星在命宮，所以，命宮丙天同自化祿。

（2）子女宮的宮干是癸，貪狼星在子女，所以子女宮癸貪狼自化忌。

4、化入對宮：箭頭向對宮。

（1）兄弟宮乙紫微科入交友宮，兄弟宮化科入對宮。

（2）逆水忌：化忌入對宮。遷移宮庚天同忌入命宮，這個就是逆水忌。

（3）福德宮戊太陰權入財帛宮，福德宮化權入對宮。

（4）這裡（1）、（2）、（3）、都一樣「四化入對宮」，只是忌入對宮，叫「逆水忌」，專有名詞。沒有「逆水祿、權、科」。

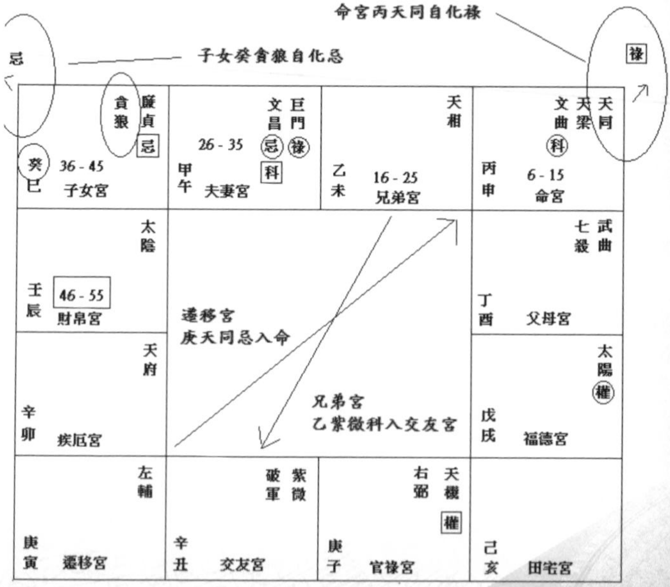

命宮丙天同自化祿
子女癸貪狼自化忌
忌
祿
貪狼 廉貞 忌
癸巳 36 - 45 子女宮
巨門 祿 文昌 忌 科
甲午 26 - 35 夫妻宮
天相
乙未 16 - 25 兄弟宮
天同 天梁 文曲 科
丙申 6 - 15 命宮
太陰
壬辰 46 - 55 財帛宮
七殺 武曲
丁酉 父母宮
天府
辛卯 疾厄宮
太陽 權
戊戌 福德宮
遷移宮
庚天同忌入命
兄弟宮
乙紫微科入交友宮
左輔
庚寅 遷移宮
破軍 紫微
辛丑 交友宮
右弼 天機 權
庚子 官祿宮
己亥 田宅宮

5、坐祿權科忌，跟祿權科照對宮、忌沖對宮：生年祿入夫妻，是夫妻宮坐生年祿。就會「祿照」官祿宮。

坐忌，跟忌沖對宮：生年忌入夫妻，是夫妻宮坐生年忌，就會「忌沖」對宮。

「祿照、跟忌沖」二者同樣的意義，用的字眼不同。一般來說「忌用沖、祿權科用照」。

6、三方：

命三方：命宮＋財帛宮＋官祿宮。

田宅三方：兄弟宮＋疾厄宮＋田宅宮。

福德三方：夫妻宮＋遷移宮＋福德宮。

交友三方：子女宮＋交友宮＋父母宮。

飛星派沒有四正的解釋。

7、梁派專有手法：祿轉忌，忌轉忌

（1）忌轉忌：

a、兄弟宮乙太陰忌入財帛，轉壬武曲忌入父母。

動作分解二：

①忌：兄弟乙太陰忌入財帛，

②轉忌：財帛壬武曲忌入父母。

再細部解說：

①兄弟宮乙太陰忌入財帛：

動作分解為三：

1、兄弟宮乙，

2、乙太陰忌，

3、太陰（忌）入財帛。

②財帛壬武曲忌入父母：

動作分解為三：

1、財帛壬，

2、壬武曲忌，

3、武曲（忌）入父母。

b、象義解釋：會轉了之後，就要知道會產生什麼象義。象義請查「六七二象」一書。

①兄弟忌入財帛，

②財帛忌入父母，

③兄弟忌入父母，透過財帛。

忌轉忌

兄弟宮乙太陰忌入財帛
轉壬武曲忌入父母

一、忌：兄弟乙太陰忌入財帛
二、轉忌：財帛壬武曲忌入父母

祿轉忌

遷移宮庚太陽祿入福德
轉戊天機改入宮祿

一、祿：遷移庚太陽祿入福德
二、轉忌：福德戊天機忌入官祿

忌轉忌 跟 祿轉忌 的手法圖解

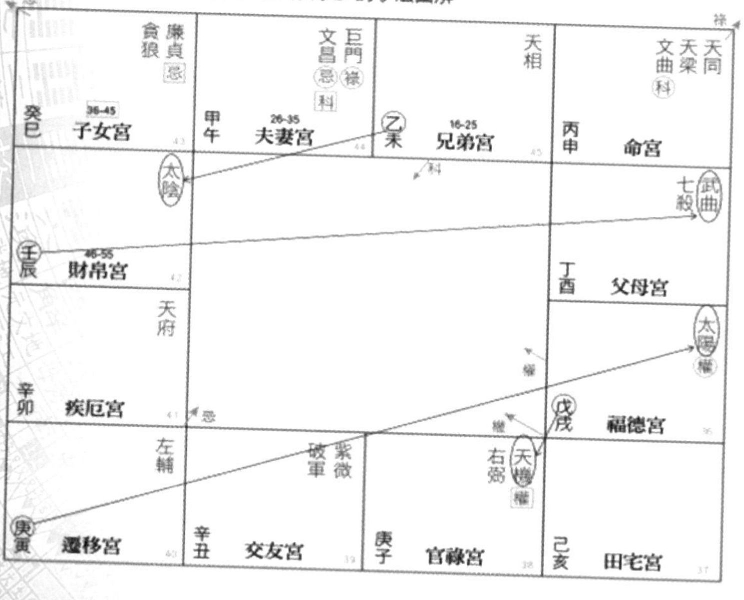

(2)遷移宮庚太陽祿入福德，轉戊天機忌入官祿。

動作分解為二：

①祿：遷移庚太陽祿入福德，

②轉忌：福德戊天機忌入官祿。

再細部解說：

①遷移宮庚太陽祿入福德，

動作分解為三：

1、遷移庚，

2、庚太陽祿，

3、太陽(祿)入福德。

②福德戊天機忌入官祿：

動作分解為三：

1、福德戊，

2、戊天機忌，

3、天機（忌）入官祿。

b、象義解釋：會轉了之後，就要知道會產生什麼象義。象義請查《六七二象》一書。

①遷移祿入福德，

②遷移祿入官祿，透過福德，

③福德忌入官祿。

8、交忌：二種：

a、交忌在同一宮：遷移庚天同忌入命，田宅己文曲忌入命。遷移跟田宅交忌在「命宮」。

b、交忌在對宮：福德戊天機忌入官祿，父母丁巨門忌入夫妻。福德跟父母交忌在「夫官綫上」。

c、忌轉忌，一樣也可以交忌的。

d、交忌，可以同星曜，也可以不同星曜的。

9、交祿：財帛宮壬天梁祿入命宮，轉丙廉貞忌入子女宮，逢夫妻宮甲廉貞祿來會。財帛跟夫妻交祿在子女宮，透過命宮。

交祿一定要同星曜。

10、看盤的手法之一：相應：象義發生的時間點。就會找相應。

例如：命宮忌入夫妻宮，是對感情執著。但是什麼時候，會「特別執著」。就會在下列的三個時間點：

(1)命宮忌入夫妻宮(大限命宮)、相應命宮。

(2)或是命宮(大限夫妻宮)忌入夫妻宮的時候，相應夫妻宮。

(3)命忌入夫妻，沖官祿(大限命宮)；相應命宮。

這三個時間點，這個就叫「相應」。相應的時候，象義的情況就會特別的明顯。

11、交忌的相應：比如：福德跟夫妻交忌，象義就代表「精神上跟感情產生不和協的狀態」。那什麼時候會產生這個情況：

(1)福德是(大限夫妻或流年夫妻)跟本命夫妻產生交忌，這個就叫相應。

(2)夫妻是(大限福德或流年福德)跟本命福德產生交忌，這個就叫相應。

(1)、(2)這二個時間點，這個就叫「相應」。相應的時候，象義的情況就會特別的明顯。

12、交忌的相應：流年命宮、大限命宮，跟某一宮位交忌，也是不合。

（3）當大限命、或是流年命宮，踏到福德時，那福德宮會跟夫妻宮產生交忌，也是相應的一種。

（4）當大限命、或是流年命宮，踏到夫妻時，那福德宮會跟夫妻宮產生交忌，也是相應的一種。

（3）、（4），什麼宮位跟「流年、大限命」交忌的時候，就會產生不和協。也是一種時間點。

13、交祿的相應：比如說：財帛跟夫妻交祿，這個象義就代表「我的錢跟夫妻有很大的關係」，比如說我的對象，會幫我賺錢、理財、投資、賺大錢。

（1）財帛是（大限夫妻或流年夫妻）跟本命夫妻產生交祿，這個就叫相應。

（2）夫妻是（大限財帛或流年財帛）跟本命財帛產生交祿，這個就叫相應。

（1）、（2）、這二個時間點，這個就叫「相應」。相應的時候，象義的情況就會特別的明顯。

14、交祿的相應：流年命宮、大限命宮，跟某一宮位交祿，也是很合。

（3）當大限命、或是流年命宮，踏到財帛時，那夫妻宮就跟財帛宮（大限命宮或流年命宮）

產生交祿，也是相應的一種。

（4）當大限命、或是流年命宮，踏到夫妻時，那財帛宮就跟夫妻宮（大限命宮或流年命宮）產生交祿，也是相應的一種。

（3）、（4），什麼宮位跟「流年命、大限命」交祿的時候，就會產生非常和協。也是一種時間點。

15、看盤的手法之二：忌沖就無緣；祿照就有祿

二十六到三十五踏夫妻宮：甲太陽忌入福德，沖財帛，所以，這個大限命忌入福德，容易有些情緒的障礙，想太多，重慾望，沖「財帛」的緣分就不好，容易亂花錢，或是不想賺錢，或是賺不到錢。

二十六到三十五的大限：甲廉貞祿入子女：小孩的緣分就多了，照田宅，旺家庭，那家庭就很如意了，也是有錢可以花之象。

16、看盤的手法之三：四化入流年遷移宮，照流年命宮，也是會有事情的。比如說二〇一八踏踏福德宮，財帛宮有太陰

a、兄弟宮乙太陰忌入財帛宮。

b、父母宮丁太陰祿入財帛宮。

c、福德宮戊太陰權入財帛宮。

d、子女宮癸太陰科入財帛宮。

e、遷移宮、官祿宮庚太陰科入財帛宮。

以上五個飛化的象義，也容易發生的。

交祿的相應

祿
忌
廉貞 貪狼 忌
癸巳 36-45 子女宮
巨門 文昌 26-35 祿 忌 科
甲午 夫妻宮
天相
乙未 16-25 兄弟宮
天同 天梁 文曲 科
丙申 6-15 命宮
太陰
壬辰 46-55 財帛宮
四種相應
1、夫妻是大限流年財帛
2、財帛是大限流年夫妻
3、財帛是大限流年命
4、夫妻是大限流年命
武曲 七殺
丁酉 父母宮
天府
辛卯 疾厄宮
太陽 權
戊戌 福德宮
左輔
庚寅 遷移宮
紫微 破軍
辛丑 交友宮
天機 右弼 權
庚子 官祿宮
己亥 田宅宮

17、歲數的演算法：一歲從生肖宮位起。每個人一出生就是一歲。

生肖宮位指的是命主出生的那一年所屬生肖的宮位。所有的命盤都是用「虛歲」。

18、何謂：「體」「用」：

（1）本命盤為「體」：命宮、兄弟、夫妻、子女、財帛、疾厄、遷移、交友、官祿、田宅、福德、父母。

（2）、何者為「用」

1、大限、流年為用：命宮（大限田宅、流年疾厄），看「相應」。

2、借盤看六親為用：兄弟的命宮

歲數的算法　一個人一出生就是（1歲）

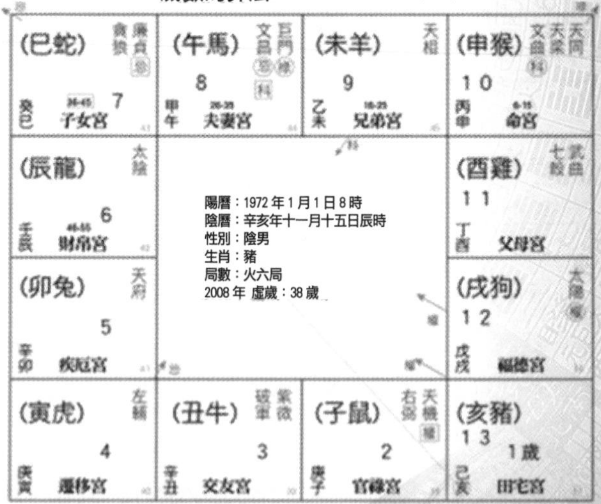

(巳蛇) 廉貞 貪狼 7 癸巳 36-45 子女宮
(午馬) 巨門 文昌 8 甲午 26-35 夫妻宮
(未羊) 天相 9 乙未 16-25 兄弟宮
(申猴) 天同 天梁 文曲 10 丙申 6-15 命宮
(辰龍) 太陰 6 壬辰 46-55 財帛宮
(酉雞) 武曲 七殺 11 丁酉 父母宮
(卯兔) 天府 5 辛卯 疾厄宮
(戌狗) 太陽 12 戊戌 福德宮
(寅虎) 左輔 4 庚寅 遷移宮
(丑牛) 紫微 破軍 3 辛丑 交友宮
(子鼠) 天機 右弼 2 庚子 官祿宮
(亥豬) 13 1歲 己亥 田宅宮
陽曆：1972年1月1日8時
陰曆：辛亥年十一月十五日辰時
性別：陰男
生肖：豬
局數：火六局
2008年 虛歲：38歲

（兄弟宮）、兄弟的兄弟宮（夫妻宮）；財帛是交友的田宅宮，朋友的家庭經濟狀況；疾厄是官祿的田宅宮：辦公室。借命主的命盤看其他宮位的狀況，跟六親的狀況。

體：A：1 命宮 2 兄弟 3 夫妻 4 子女 5 財帛 6 疾厄
7 遷移 8 交友 9 官祿 10 田宅 11 福德 12 父母

用：B1：命宮（大限田宅宮、流年田宅宮）
兄弟宮（大限福德宮、流年福德宮）
夫妻宮（大限父母宮、流年父母宮）

主要用來看「相應」，事情什麼時候要發生。
此張命盤：今年癸己年。
命主 43 歲，流年臨子女宮，
大限命宮 (36-45) 也臨子女宮。

命宮丙廉貞忌入子女（大限命宮）
相應命宮
會發生 命忌入子女的象義
廉貞忌 的星性

命宮丙廉貞忌入子女（流年命宮）
相應命宮
會發生 命忌入子女的象義
廉貞忌 的星性

何謂體用 1/2 圖　　B、何者為「用」
A、本命盤，為「體」　　B1：大限、流年為用；
B2：借盤看六親為用。

廉貞 忌 貪狼
癸巳 36-45 子女宮
巨門 祿 文昌 忌 科
甲午 26-35 夫妻宮
天相
乙未 16-25 兄弟宮
天同 祿 天梁 文曲 科
丙申 6-15 命宮
太陰
壬辰 46-55 財帛宮
飛星紫微斗數專用盤
武曲 七殺
丁酉 父母宮
天府
辛卯 56-65 疾厄宮
太陽 權
戊戌 福德宮
左輔
庚寅 66-75 遷移宮
紫微 破軍
辛丑 76-85 交友宮
天機 權 右弼
庚子 官祿宮
己亥 田宅宮

體：A：1 命宮 2 兄弟 3 夫妻 4 子女 5 財帛 6 疾厄
7 遷移 8 交友 9 官祿 10 田宅 11 福德 12 父母

用：B2：借盤看六親為用。以父親 立太極 來論事
父親的命宮（父母宮）
父親的兄弟宮（命宮）
父親的夫妻宮（兄弟宮）
父親的子女宮（夫妻宮）
父親的財帛宮（子女宮）
父親的疾厄宮（財帛宮）
父親的遷移宮（疾厄宮）
父親的交友宮（遷移宮）
父親的官祿宮（交友宮）
父親的田宅宮（官祿宮）
父親的福德宮（田宅宮）
父親的父母宮（福德宮）

比如說
父親的命宮（父母宮）丁巨門恐入夫妻，轉甲太陽忌入福德
1、命忌入夫妻
2、夫妻忌入福德
3、命忌入福德，透過夫妻

這樣就能找到象義

何謂體用 2/2 圖
A、本命盤，為「體」
B、何者為「用」
B1：大限、流年為用；
B2：借盤看六親為用。

飛星紫微斗數專用盤
廉貞 貪狼 忌
癸巳 36-45 子女宮 43
巨門 祿 文昌 忌 科
甲午 26-35 夫妻宮 44
天相
乙未 16-25 兄弟宮 45
天同 祿 天梁 文曲 科
丙申 6-15 命宮
太陰
壬辰 46-55 財帛宮 42
武曲 七殺
丁酉 父母宮
天府
辛卯 56-65 疾厄宮 41
太陽 權
戊戌 福德宮 36
左輔
庚寅 66-75 遷移宮 40
紫微 破軍
辛丑 76-85 交友宮 39
天機 權 右弼
庚子 官祿宮
己亥 田宅宮 37

19、借盤論事：「用歸體」與「不用歸體」。

（1）用歸體：

子女宮的命宮，是看成我的兒子的命宮：我的兒子的命宮癸破軍祿入「原命盤的交友宮」，象義解釋為：命祿入交友宮＋破軍祿。這個叫「用歸體」。

（2）不用歸體：

我的兒子的命宮癸破軍祿入「我兒子的財帛宮」，象義解釋為：命祿入財帛宮＋破軍祿，這個叫「不用歸體」。

（3）二種手法：都可以參考看看。梁派強調的是第一種：用歸體。

紫微斗數命盤－飛星派

貪狼 廉貞 忌 癸巳 36-45 子女宮	巨門 文昌 祿 忌 科 甲午 26-35 夫妻宮	天相 乙未 16-25 兄弟宮	天同 天梁 文曲 科 丙申 6-15 命宮
太陰 壬辰 46-55 財帛宮	辛亥年 男命		武曲 七殺 丁酉 父母宮
天府 辛卯 疾厄宮			太陽 權 戊戌 福德宮
左輔 庚寅 遷移宮	紫微 破軍 辛丑 交友宮	天機 右弼 權 庚子 官祿宮	己亥 田宅宮

祿 ↗　忌 ↖

第七課

十天干、十二地支跟紫微命盤的關係

一、十天干跟紫微命盤的關係：

十天干化曜表，會有四十種不同的氣。祿權科忌加上十種星，等於四十種不同的氣。生年天干就有不同的氣，宮干的四化也會有不同的氣，加上祿轉忌，忌轉忌的串連，或是同宮或是對宮，不同星的沖激。又會產生不同的氣的組合。

1、官祿宮有天機，轉庚天同忌入命，所以，官祿的氣，就會產生「天機跟天同」的組合，那這樣子的組合，就會讓「工作的類型變化很多樣」。

2、財帛壬天梁祿入命，轉丙廉貞忌入子女，逢夫妻甲廉貞祿來會。那財帛的氣，就會產生「天梁祿＋廉貞祿」的組合，那氣的變化，就很多了。

3、「甲、丙、戊、庚、壬、為陽，為正、為大」。「乙、丁、己、辛、癸、為陰，為負，為小」。

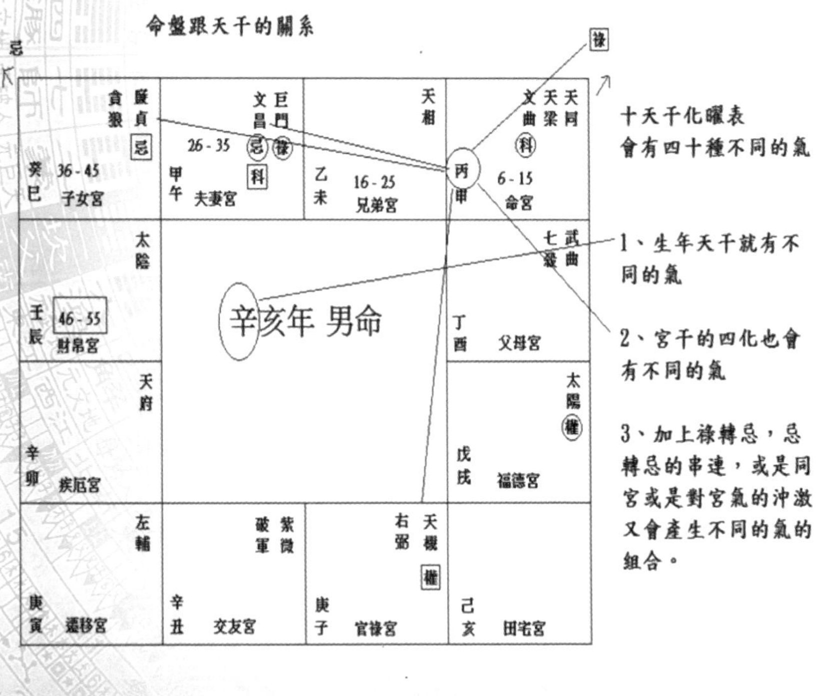
命盤跟天干的關系
忌
祿
貪狼 廉貞 忌
癸巳 36 - 45 子女宮
文昌 忌 巨門 祿 科
甲午 26 - 35 夫妻宮
天相
乙未 16 - 25 兄弟宮
文曲 科 天梁 天同
丙申 6 - 15 命宮
太陰
壬辰 46 - 55 財帛宮
辛亥年 男命
七殺 武曲
丁酉 父母宮
天府
辛卯 疾厄宮
太陽 權
戊戌 福德宮
左輔
庚寅 遷移宮
破軍 紫微
辛丑 交友宮
右弼 天機 權
庚子 官祿宮
己亥 田宅宮
十天干化曜表
會有四十種不同的氣
1、生年天干就有不同的氣
2、宮干的四化也會有不同的氣
3、加上祿轉忌，忌轉忌的串連，或是同宮或是對宮氣的沖激又會產生不同的氣的組合。

二、十二地支跟紫微命盤的關係：圖解：這個圖非常重要。

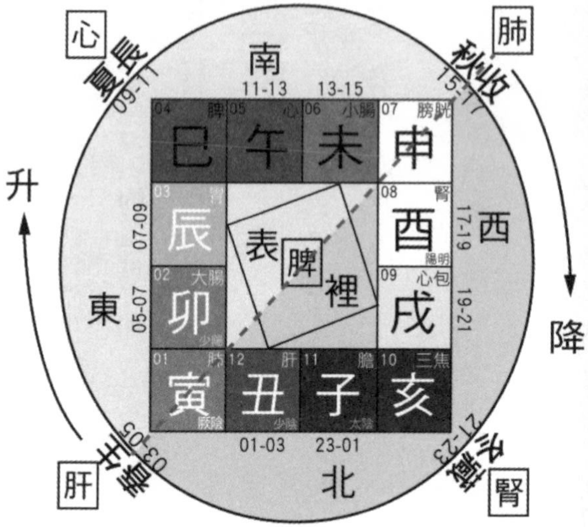

南
北
東
西
升
降
心
肺
肝
腎
夏長
秋收
春生
冬藏
09-11
11-13
13-15
15-17
17-19
19-21
21-23
23-01
01-03
03-05
05-07
07-09
04 脾 巳
05 心 午
06 小腸 未
07 膀胱 申
08 腎 酉 陽明
09 心包 戌
10 三焦 亥
11 膽 子 太陰
12 肝 丑 少陰
01 肺 寅 厥陰
02 大腸 卯 少陽
03 胃 辰
表
脾
裡

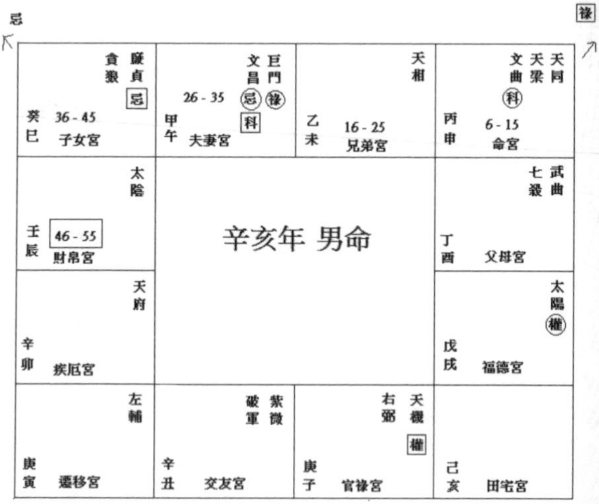

忌
祿
廉貞 貪狼 忌
癸巳 36-45 子女宮
巨門 祿 文昌 忌 科
26-35
甲午 夫妻宮
天相
乙未 16-25 兄弟宮
天同 天梁 文曲 科
丙申 6-15 命宮
太陰
壬辰 46-55 財帛宮
辛亥年 男命
武曲 七殺
丁酉 父母宮
天府
辛卯 疾厄宮
太陽 權
戊戌 福德宮
左輔
庚寅 遷移宮
紫微 破軍
辛丑 交友宮
天機 右弼 權
庚子 官祿宮
己亥 田宅宮

（一）十二地支：十二地支（子丑寅卯辰巳午未申酉戌亥）

（1）配年：配十二生肖。

（子鼠）、（丑牛）、（寅虎）、（卯兔）、（辰龍）、（巳蛇）、（午馬）、（未羊）、（申猴）、（酉雞）、（戌狗）、（亥豬）。

蛇 巳	馬 午	羊 未	猴 申
龍 辰			雞 酉
兔 卯			狗 戌
虎 寅	牛 丑	鼠 子	豬 亥

（2）配月：十二個月，四季

寅是一月、卯二月、辰三月：春季。

巳是四月、午五月、未六月：夏季。

申是七月、酉八月、戌九月：秋季。

亥是十月、子十一月，丑十二月：冬季。

（3）配時：十二時辰，中醫。時間可以分為十二時辰，人體有十二經絡，每條經絡有各自運行的時間。

寅時：凌晨三點至凌晨五點：肺經運行。

卯時：凌晨五點至七點：大腸經運行。

辰時：早晨七點至九點：胃經運行。

巳時：早晨九點至十一點：脾經運行。

午時：中午十一點至下午一點：心經運行。

未時：下午一點至三點：小腸經運行。

申時：下午三點至五點：膀胱經運行。

酉時：下午五點至七點：腎經運行。

戌時：晚間七點至晚間九點：心包經運行。

亥時：晚間九點至晚間十一點：三焦經運行。

子時：晚間十一點至凌晨一點：膽經運行。

丑時：凌晨一點至凌晨三點：肝經運行。

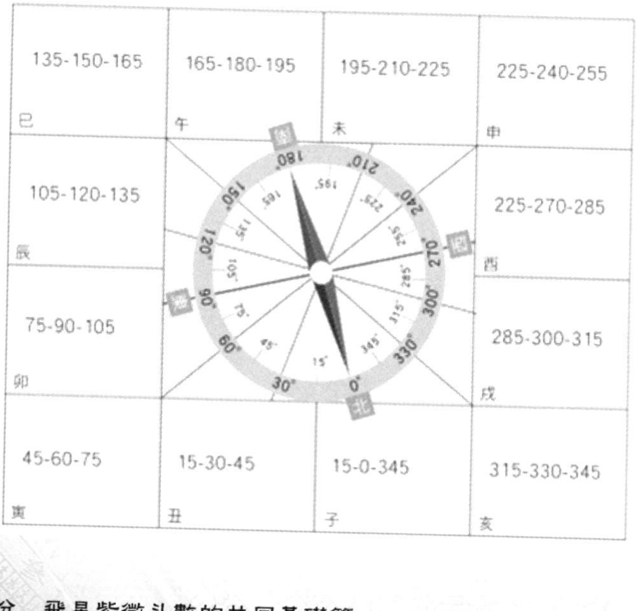
135-150-165
巳
165-180-195
午
195-210-225
未
225-240-255
申
105-120-135
辰
225-270-285
酉
75-90-105
卯
285-300-315
戌
45-60-75
寅
15-30-45
丑
15-0-345
子
315-330-345
亥
北

（4）配十二方位：子是正北、午是正南、卯是正東、酉是正西。

方位學，可以用在陽宅，或是去那裡發展好，或是那裡貴人多。

（5）配人體對應圖。想像把命盤，貼在一個人的胸部，就知道是那一邊了。

午是頭，正南、陽氣重；子是人下陰、正北、陰氣重。

未左肩、申左背胸手、酉左腰腹、戌骨盆、亥左腿。都在左手邊。

巳右肩、辰右背胸手、卯右腰腹、寅骨盆、丑右腿。都在右手邊。

（6）歲數的演算法：一歲從生肖宮位起。每個人一出生就是一歲。

命盤與人體對應圖

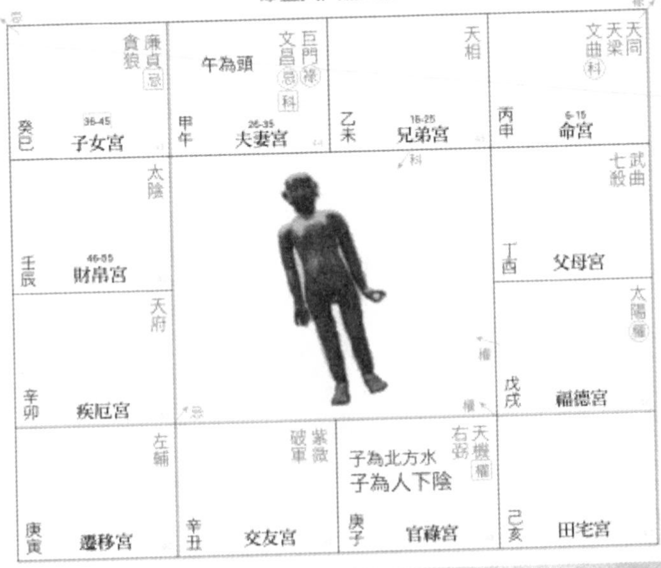

廉貞 貪狼 忌
癸巳 36-45 子女宮
巨門 祿 文昌 忌 科
午為頭
甲午 26-35 夫妻宮
天相
乙未 16-25 兄弟宮
天同 天梁 文曲 科
丙申 6-15 命宮
太陰
壬辰 46-55 財帛宮
武曲 七殺
丁酉 父母宮
天府
辛卯 疾厄宮
太陽 權
戊戌 福德宮
左輔
庚寅 遷移宮
紫微 破軍
辛丑 交友宮
天機 權 右弼
子為北方水
子為人下陰
庚子 官祿宮
己亥 田宅宮

生肖宮位指的是命主出生的那一年所屬生肖的宮位。所有的命盤都是用「虛歲」。

(7)大限順逆怎麼看：「陽男陰女順行、陰男陽女逆行」：

陽男、陰女：大限順行。若我是辛年生的「陰男」，那陰從那裡來?就從「辛」來。

a、陰陽如何來?甲丙戊庚壬：主陽；乙丁已辛癸：主陰。

b、順時針，逆時針的走向。順行：命宮、父母宮、福德宮。逆行：命宮、兄弟宮、夫妻宮。

(8)五行局：定大限十年一運：

五行局分為水二局、木三局、金四局、土五局、火六局。

歲數的算法 一個人一出生就是（1歲）

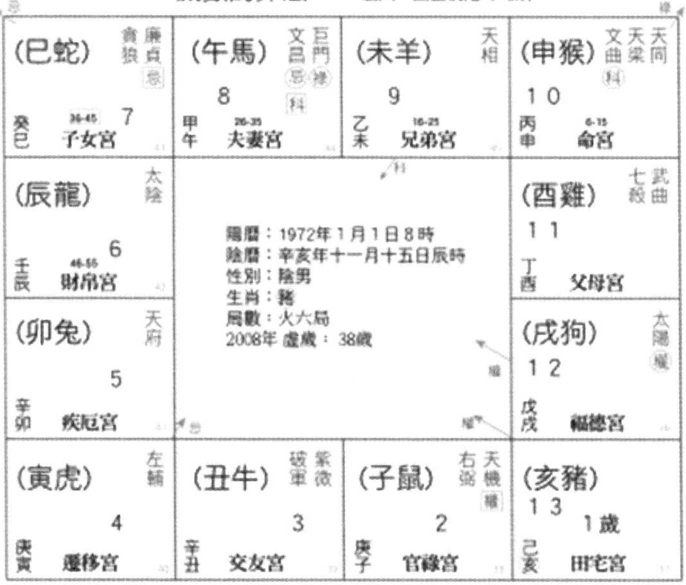

(巳蛇) 廉貞 貪狼 忌 7 36-45 癸巳 子女宮
(午馬) 巨門 文昌 祿 忌 科 8 26-35 甲午 夫妻宮
(未羊) 天相 9 16-25 乙未 兄弟宮
(申猴) 天同 天梁 文曲 科 10 6-15 丙申 命宮
(辰龍) 太陰 6 46-55 壬辰 財帛宮
(酉雞) 武曲 七殺 11 丁酉 父母宮
陽曆：1972年1月1日8時
陰曆：辛亥年十一月十五日辰時
性別：陰男
生肖：豬
局數：火六局
2008年 虛歲：38歲
(卯兔) 天府 5 辛卯 疾厄宮
(戌狗) 太陽 權 12 戊戌 福德宮
(寅虎) 左輔 4 庚寅 遷移宮
(丑牛) 紫微 破軍 3 辛丑 交友宮
(子鼠) 天機 右弼 權 2 庚子 官祿宮
(亥豬) 13 1歲 己亥 田宅宮

a、水二局人，看命宮大限二到十一歲。

b、木三局人，看命宮大限三到十二歲。

c、金四局人，看命宮大限四到十三歲。

d、土五局人，看命宮大限五到十四歲。

e、火六局人，看命宮大限六到十五歲。

f、少小限。就是命宮跟命宮之前的歲數：比如說火六局，命宮是六到十五，那少小限就是一到十五。

(9)文昌文曲的排法，是用「時」，左輔右弼的排法，是用「月」。

(10)流年、流月、流日怎麼算：

a、流年：十二生肖看地支，二〇一七年屬雞，在酉宮。命盤上是「父母宮」，每個命盤流年的宮位都不一樣。

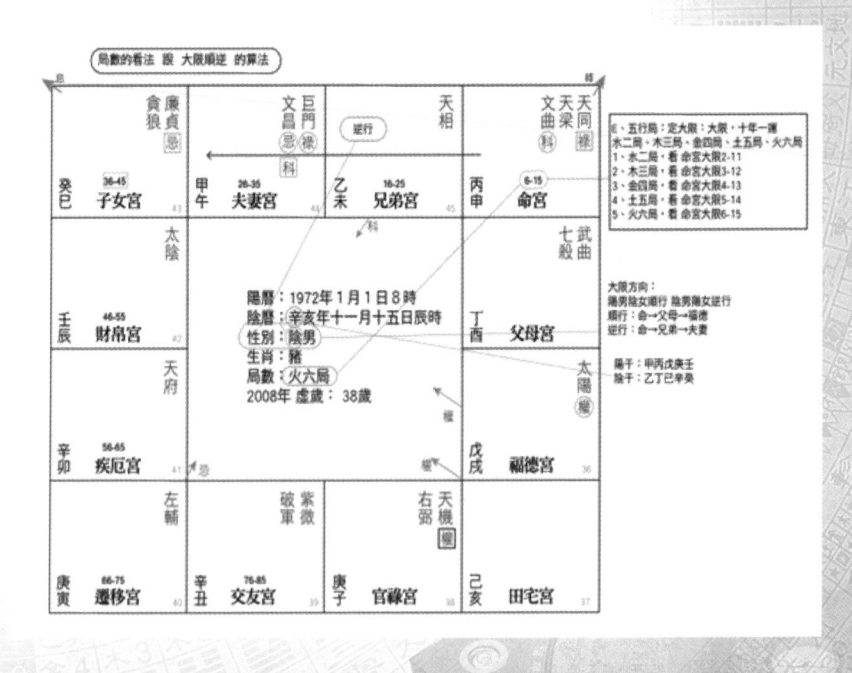

局數的看法 跟 大限順逆 的算法
陽曆：1972年1月1日8時
陰曆：辛亥年十一月十五日辰時
性別：陰男
生肖：豬
局數：火六局
2008年 虛歲：38歲
E、五行局：定大限：大限，十年一運
水二局、木三局、金四局、土五局、火六局
1、水二局，看 命宮大限2-11
2、木三局，看 命宮大限3-12
3、金四局，看 命宮大限4-13
4、土五局，看 命宮大限5-14
5、火六局，看 命宮大限6-15
大限方向：
陽男陰女順行 陰男陽女逆行
順行：命→父母→福德
逆行：命→兄弟→夫妻
陽干：甲丙戊庚壬
陰干：乙丁己辛癸
癸巳 子女宮 36-45
甲午 夫妻宮 26-35
乙未 兄弟宮 16-25
丙申 命宮 6-15
壬辰 財帛宮 46-55
丁酉 父母宮
辛卯 疾厄宮 56-65
戊戌 福德宮
庚寅 遷移宮 66-75
辛丑 交友宮 76-85
庚子 官祿宮
己亥 田宅宮
廉貞 貪狼
巨門 文昌
天相
天同 天梁 文曲
太陰
武曲 七殺
天府
太陽
左輔
紫微 破軍
天機 右弼
逆行

b、流月：寅宮的「宮位名稱為一月」，命盤上，寅宮是「遷移宮」，所以每年的「流年遷移宮」，就是一月。二〇一七年踏父母宮，疾厄宮是「流年遷移宮」就是「一月」。疾厄宮一月、財帛二月、子女三月……以此類推。每年流年命宮都會變，所以流年的遷移宮都會變。

c、流日：二種算法：沒有定論：

(a)退一格，一月在疾厄，那一月一日在財帛，一月二日在子女，以此類推。二月在財帛，那二月一日在子女。

(b)不退一格。一月在疾厄，那一月一日在疾厄，一月二日在財帛，以此類推。二月在財帛，那二月一日在財帛。

流年、流月、流日 怎麼計算

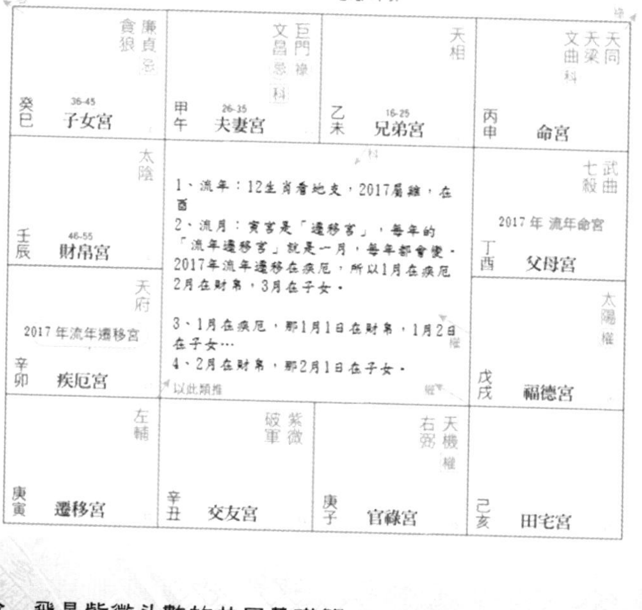

廉貞 忌
貪狼
癸巳 36-45 子女宮
巨門 祿
文昌 忌 科
甲午 26-35 夫妻宮
天相
乙未 16-25 兄弟宮
天同
天梁
文曲 科
丙申 命宮
太陰
壬辰 46-55 財帛宮
1、流年：12生肖看地支，2017屬雞，在酉
2、流月：寅宮是「遷移宮」，每年的「流年遷移宮」就是一月，每年都會變。2017年流年遷移在疾厄，所以1月在疾厄2月在財帛，3月在子女。
3、1月在疾厄，那1月1日在財帛，1月2日在子女…
4、2月在財帛，那2月1日在子女。
以此類推
武曲
七殺
2017年 流年命宮
丁酉 父母宮
天府
2017年流年遷移宮
辛卯 疾厄宮
太陽 權
戊戌 福德宮
左輔
庚寅 遷移宮
紫微
破軍
辛丑 交友宮
天機 權
右弼
庚子 官祿宮
己亥 田宅宮

第八課

宮位的總論、概論

一、十二宮的名稱：

表面上的字義。

(1)命宮，叫「命宮」就是「命」。

(2)兄弟宮，叫「兄、弟」宮：應該是「兄弟姊妹」，也是可以看出兄弟姊妹的情況、數量……。

(3)夫妻宮，叫「夫、妻」宮。

(4)子女宮，叫「子、女」宮。

（5）財帛宮，叫「財（現金）、帛（衣服、絲綢、衣料）」。

（6）疾厄宮，叫「疾（病）、厄（災厄），疾厄宮，不叫「健康宮」，這個翻譯有問題。

（7）遷移宮，叫「遷（遷居去）、移（移動來去）」。

（8）交友，古代叫「奴僕宮」，指「奴（長工）僕也是僕人」，那現在用「交友宮」來解釋熟悉的朋友為主的人際關係，因為，奴僕，有「下人之意」，但是現在用交友，是指同輩、同事、平輩之人，就沒有「奴僕」之意。

（9）官祿是「官（官位）、祿（俸祿）」，現在有人稱為「事業宮」。

（10）田宅，指「田（地）、宅（房子）」。

（11）福德，是「福（報）、德（品德、德行）」。

（12）父母，指「父跟母」。

二、命盤六線

命盤六線分別為【命遷線】、【兄友線】、【夫官線】、【子田線】、【福財線】與【父疾線】。每一條線，都有其特別的含意，如以下說明。

（1）命宮和遷移宮是一線叫【命遷線】：個性跟待人處世的態度。

（2）兄弟宮和交友宮是一線叫【兄友線】：創業跟人際關係、工作成就跟人際關係、競爭力強弱。

（3）夫妻宮和事業宮是一線叫【夫官線】：工作跟感情異性的關係。

（4）子女宮和田宅宮是一線叫【子田線】：家庭、經濟、親屬、下一代、合夥。

（5）財帛宮和福德宮是一線叫【福財線】：精神嗜好、享福，跟花用錢、賺錢的態度。

（6）疾厄宮和父母宮是一線叫【父疾線】：長輩跟思考智力、身體健康。

（7）以生病為例：

忌入疾厄，也是會生病，忌入父母，沖疾厄，也是會生病。差別在於疾厄是內、如果生病會生比較久的病、父母是疾厄的遷移，如果一生病，臉上就會顯出病容。因為用沖的，所以，病的顯像就會比較明顯，但是沖過之後，病就好多了。不會生太長的病的。

（8）以感情為例：

忌入夫妻，是會重視感情的。一定先愛人為主。忌入官祿，沖夫妻，是工作比感情重要多了，也可能會以工作來麻痺感情的需求的。

(9)以生小孩為例：

忌入子女，是會生小孩的，那忌入田宅，沖子女，如果沒有錢的話，就會「沖小孩」拿掉小孩，或是小孩就會流掉了。如果會生小孩，一定是家庭經濟力夠了。

三、認識宮位三方的概要

(1)十二宮的四個三方：三方的定義：三方是一體，有些類似的用法跟含意。

a、命三方：包括「命」、「財帛」、「事業」三個宮位。是顯像一個人身在紅塵汲營的生存方式，工作賺錢，工作類型、職業。

b、田宅三方：包括「田宅」、「兄弟」、「疾厄」三個宮位。是顯示一個人的「身世」、「背景」、「宗族」、「家庭」、「親情」、「經濟」、「財富」、「健康」及「物質生活」的狀況位。或者可稱之為人生的果實。是人生的守成、收藏宮。比如說，田宅有生年祿，再怎麼窮，日子都還是會過得不錯。所以，田宅三方有祿的人，通常物質生活也會過的不錯的，親情上也都比較和樂的。

c、福德三方：包括「福德」、「夫妻」、「遷移」三個宮位。是顯示一個人的「秉性」、「精神」、「嗜好」、「天份」、「因緣」、「際遇」、「根器」、「婚姻」等「因緣果報」而來的情事。比如說，娶了千金小姐，少奮鬥三十年，嫁入豪門，也是當少奶奶，這個也是大福報的。或是祖先、父母留大筆財產下來的，當然也是大福報的。買到便宜又好的房子，或是買到漲價快的房子，都是一種福報的顯現。

d、交友三方：包括「交友」、「父母」、「子女」三個宮位。是顯象一個人的「情性」、「心智」、「學問」、「修養」、「德行」、「忠孝」、「慈愛」，以及「仁」、「義」、「禮」、「智」、「信」等等的待人接物與處世狀況。這個交友三方，更是一種「競爭力的顯示」，所以，考試、比賽、升官、都是一種競爭力的顯示。父母宮是長輩的提拔，交友宮是平輩的支持，子女宮是下屬的愛戴。

四、廣泛的十二宮宮位涵義：

先概要說明，細說在後面的章節。

A、命宮：

1、太極點、命盤「中樞」。萬變不能離其「宗」。

2、偏向「精神」、「意志」、表現「喜、怒、哀、樂」的「我」，簡言之為「我」。

3、顯象「個性」、「天性」、「性情」與「思考」。

4、表現喜、怒、哀、樂的「感情」抒發位。

5、大伯(叔)父、祖母、外公位。

6、兄弟的父母宮、夫妻的福德宮，小孩的田宅宮…等。

7、斗數陽宅：小孩的房間(子女的田宅宮)。

8、身心靈：疾厄是身、命是心、福德是靈。

B、兄弟宮：

1、觀「手足之情」，看兄弟姊妹的情況，有時候也可以看結拜的兄弟姊妹。

2、財帛的田宅宮：現金的收藏宮，是積蓄、銀行存款的經濟宮位。也是家中的保險庫、銀行的保險箱。簡稱庫位。

3、「事業」的「共宗六位」，是看事業大小的規模宮位。

4、合前二式（②＋③），又稱兄弟宮為「成就位」。

5、「領導統馭」得「權」沖「交友」。對同事，用壓迫的，兄弟得權會有君臨天下的行為跟個性。

6、是疾厄的九位氣數宮，又稱體質位。中氣位。中氣足或是不足，看兄弟宮。

7、也是顯象「物質生活」位。

8、父親的婚姻、感情，是看媽媽的借宮的位置。也是二伯（叔）父位。

9、是「婚姻對待」，也就是主臥房、床位。

10、是因結婚而來的「岳（翁）」位、配偶的父親；大姨子位（配偶的大姊）。

11、看小孩的「福份」位、精神思考，子女的福德宮。

12、「大（弟）」、「大女兒」位。

C、夫妻宮：

1、看感情婚姻、對象。

2、「少小限」的借宮的位置「掌管第二大限前的所有年限」。

3、看「福報」中的「福份財」：福德的財帛宮。

4、廚房：疾厄的田宅：健康的收藏宮。

5、出外的運氣位：「遷移宮」的九位氣數宮。

6、看「體型」：疾厄的「田宅宮」。

7、大舅、二哥（弟）位。

8、兄弟的「經濟狀況」「兄弟的兄弟宮」。

9、工作的表現位（事業的遷移宮）。

D、子女宮：

1、看子息的「緣分」、「多寡」、「賢愚」。

2、「性欲」「疾厄的福德宮」。生殖系統。

3、「桃花」宮、「外遇」位「逢桃花星」。

4、「再婚對象」宮位、「小老婆」位。

5、「親戚」位「是夫妻宮的下一宮：因婚姻而來的關係位置」。

6、「妯娌」「兄弟的夫妻宮」、「二舅」、「大舅子」、「長子」位。

7、「驛馬」位「田宅的遷移：離家在外位」。

8、「意外」、「業力病」「雙忌以上」。

9、看「小輩」、「下屬」與我的關係。

10、「合夥位」子女：交友的事業。

11、「慈心、仁愛」表現位。

12、「老運」、「晚景」位。

13、看寵物。養的小動物。

註：再婚是以子女宮為「用」，但還是不能離開夫妻宮的「體」；如果夫妻宮過分的差，再婚恐怕也依舊是不幸福。

E、財帛宮：

1、「錢的緣份」位。

2、「行業」、「賺錢的狀況」。

3、個人的「金錢觀」、價值觀。

4、婚姻的「對待關係」「夫妻的夫妻宮」。

5、顯示父母的「健康狀況」、「情緒」位「父母的疾厄宮」。

6、「次子」、「二舅子」、「侄兒」位。

7、客房「交友的田宅宮」。

8、財帛宮。還能看出，一個人的「衣著行為」穿衣的行為、品味。

F、疾厄宮：

1、「命」的「共宗六位」：「肉體」。

2、看「健康」狀況。

3、看「胖、瘦、體格」。

4、看「習性」反應及個人的「活動量」。

5、顯示喜、怒、哀、樂的「情緒」反應位。
6、「家運」位。
7、顯示「物質生活」宮位。
8、店、辦公室、工廠生產線、「工作環境」、「工作地方」「疾厄：事業的田宅」。
9、父母的社會關係、地位、能力位「疾厄：父母的遷移」。
10、顯示兄弟的金錢狀況「疾厄：兄弟的財帛」。
11、「大媳婦」位。子女宮的夫妻宮。

G、遷移宮：

1、「形於外」的「外表」、「模樣」、「形象」。
2、「社交」、「活動」、「人生舞臺」、「能力展現」、「領導統馭」位、待人處世、EQ高低的宮位。
3、顯象「身分」、「地位」。
4、「驛馬」位。

5、因果裡頭的人生「因緣」、「際遇」位。

6、阿耶意識裡頭的「天份」、「才華」，以及修行人的「善緣」、「根器」、「智慧」的提升位。

7、與「意外」、「災難」、「因果病」有關。

8、兄弟的「健康狀況」、「情緒」位「兄弟的疾厄宮」。

9、配偶的「金錢狀況」位「夫妻的財帛宮」。

10、「長孫」位。子女宮的子女宮。

11、「老運」、「壽限」位。

12、庭院、門外。

13、人生因歷經磨練而成長的「歷練」位。EQ的宮位。

H、交友宮：

1、婚姻狀況的「指標」位「夫妻的共宗六位」。

2、配偶的「健康狀況」、「情緒」位「夫妻的疾厄宮」。

3、自己兄弟姊妹的「地位」、「能力」、「形象」表現位。

4、「有緣接觸」的「人際狀況」位。

5、「競爭」、「考運」位。父母宮的官祿宮，考運位。

6、「人性」的「情與義」表現位。

7、父母的工作。父母宮的官祿宮。

8、顯示子女的「金錢狀況」宮位。子女的財帛宮。

9、行善的「佈施」、「積德」位「福德的田宅宮」。

10、家庭的「佛堂」、「神龕」位「福德的田宅宮」。

一、事業宮：

1、「運氣位」「九數為陽之極，化氣流行」。

2、工作賺錢的方式。

3、配偶的「形象」、「能力」、「地位」表現位「夫妻的遷移宮」。

4、婚外情「桃花星」「夫妻的遷移：婚姻之外的感情位」。

5、顯示子女的「健康狀況」、「情緒」的宮位「子女的疾厄宮」。

6、書房、書桌，父母的田宅宮。

J、田宅宮：

1、宗親、家族、家世。

2、家庭、天倫。

3、「財富」的「收藏宮」：「財帛」的「共宗六位」，包含：動產、不動產、有價證券、珠寶鑽石、珍貴藝品、銀行存款、現金：一切的有價物。簡稱財庫的宮位。

4、居住環境，包含鄰居相處。

5、客廳。

6、歡樂宮「天倫樂、男歡女愛」。子女的遷移宮。

7、父母的「嗜好」、「興趣」，「父母的福德」。

8、小孩的「地位」、「能力」、「形象」表現位。子女的遷移宮。

9、「祖上」、「祖德」位。

K、福德宮：

1、累世「因果」位，「果報」位。

2、「秉性」、「嗜好」、「興趣」、「享受」位。

3、看「壽限」、「晚運」位。

4、反應「精神」、「感受」「喜、怒、哀、樂的表現位」。「感情」的抒發位。

5、宗教信仰、持咒念經，以及修行人的「善緣」、「根器」以及「放下」、「自在」、「智慧」位「精神面的提升」。

6、「身後」歸屬：悼場的「哀榮」場面，以及死後的「棺、墳」。

7、「金錢」、「欲望」的表現宮「財帛的遷移宮」。

8、「祖父」位。

9、吃喝拉撤睡等，情緒的享受宮位。

10、配偶的工作「夫妻的事業」。

11、「大姑媽」位。

L、父母宮：

1、「父母」、「長輩緣」、我的老師。

2、「修養」、「內涵」、「氣質」形於色的「形象位」「相品宮」。

3、學歷、讀聖賢書、做人、知識、常識的「學習位」「光明宮」。

4、父母宮，也是一個「名聲、名譽位」，獎狀、獎牌、榮譽。

5、岳父家，或是公公家，另一半的家庭狀況。夫妻的田宅宮。

6、子女的工作。子女的事業宮。

7、遷移的「共宗六位」：社會的「道德標準」規範宮位。

8、百善「孝」為先的「積德」位。

9、父母者，庇蔭於我，引申為「國家、政府機關」、大公司。

10、父母者，交友之財帛宮，引申為「銀行」、「互助會」、「私人借貸」等「金錢往來」位。

五、其他：

（1）十二宮，有人就認為「交友宮三方」都是閒宮，好像沒有用的樣子，這個都是因為對宮位有沒有正確的認識跟學習。

（2）宮宮都是財。宮宮都是感情，宮宮都是職業。比如說：官祿、財帛都是「工作」，但是，父母宮也是工作，如果父母宮有祿權科的話，就容易到公家機關或是大公司，大機構去上班的。所以，這個都要去思考的。很多宮位都要參著看的。

（3）還有生年四化的星，也是對命盤會有比較大的影響的。比如說辛年生的人辛巨門祿，辛文昌忌，這個辛年生的人，就容易作動口、老師、律師、歌手、餐飲、命理師…等工作的。

（4）「命三方」：紅塵的作為與本份責任。

「田宅三方」：作為之間的勤儉與守成。

「福德三方」：因緣際遇與業力果報。

「交友三方」：待人接物的處世德行。「交友」惜情重義。「父母」百善孝先。「子女」慈心仁愛。

（5）四化基本觀念：十二宮，宮宮是財。宮宮是春。宮宮是事業。宮宮是運氣。看一個人有沒有錢，只看「財帛」？主要看的是田宅、兄弟、疾厄這三個物質生活的宮位。

命三方，對錢來說，只是講「我努力工作賺的錢」。

田宅三方，對錢來說，是講「從財庫中提領出來的，可以是祖產來的、賣房子、家庭來的、創業來的、從銀行存款」

福德三方，對錢來說，是講「福份，中獎，意外之財，老婆給，撿到的」等。

交友三方，對錢來說，是講「週轉，朋友週轉、銀行貸款、合夥賺錢、分紅……等，要靠別人的」。

第九課

宮位的解釋：父母宮

從父母宮開始，連續一天一堂課，並且宮、星、象、四化都在一課裡說明。

現在開始要講十二宮，每一宮的用法，不從命宮講，因為命宮是一個不太好理解的宮位，所以，放到最後講。

十二宮可以代表人、事、地、物的情況、現象。

一、立太極的宮位轉換：宮位的延伸含意。

這個要學起來，有很多宮位上的含意需要了解。但是有些解釋的不好，就留白下來，等待各位去補充。

1、以不同的宮位為太極點看父母宮：

1、父母宮是父母宮的命宮：父親的命宮。

2、父母宮是命宮的父母宮。

3、父母宮是兄弟宮的福德宮：媽媽、兄弟姊妹的福德宮。

4、父母宮是夫妻宮的田宅宮：另一半的田宅宮。

5、父母宮是子女宮的官祿宮：看小孩、或是下屬的工作。

6、父母宮是財帛宮的交友宮。

7、父母宮是疾厄宮的遷移宮：肉體在外的形像。比如說：生病會長痘子。就是會跟父母宮有關、車禍破相、坐輪椅。

8、父母宮是遷移宮的疾厄宮：遷移是EQ，應變力；父母是IQ，記憶力。

9、父母宮是交友宮的財帛宮。朋友的財帛，引申為：跟人資金的週轉、借貸。

10、父母宮是官祿宮的子女宮。

父母宮是田宅宮的夫妻宮：整個家族的感情觀。

父母宮是福德宮的兄弟宮：爺爺的兄弟姊妹。

2、以父母宮太極點的轉換。

1、命宮是父母宮的兄弟宮。父親的兄弟宮。

2、兄弟宮是父母宮的夫妻宮。父親的夫妻宮。

3、夫妻宮是父母宮的子女宮。父親的子女宮。

4、子女宮是父母宮的財帛宮。

5、財帛宮是父母宮的疾厄宮。

6、疾厄宮是父母宮的遷移宮。

7、遷移宮是父母宮的交友宮。

8、交友宮是父母宮的官祿宮。

9、官祿宮是父母宮的田宅宮。

10、田宅宮是父母宮的福德宮。

11、福德宮是父母宮的父母宮。

12、父母宮是父母宮的命宮。

二、宮位的含意：分狹義，廣義，跟上面說的延伸含意。

1、狹義的父母宮，代表「人」的時候是說父、母。這個是最原始的含意代表親生父親、親生母親。

2、廣泛的意義：生我、養我、長我、保護我。

（1）我的父母、親生父母、養父母都是。

（2）我的老師、長官、公司，比我年紀大的、還有長我、養我、保護我的一切人事物，國家也是一樣。所以有代表人，也有「不是以人為主體的」，像公司不是人，國家也不是人，但是都在父母宮的範圍裡。這個是最簡單的。比如說打官司，也是國家的法律的問題，交通罰單也是國家的問題，股市炒作，也是國家經營的。移民外國，也是需要國家的簽證。

3、延伸的含意：

（1）六親的宮位：**父母宮**，還可以代表我的姊妹。

我的兄弟在兄弟宮，我的姊妹就在父母宮。這個是一個死板的公式，要強記的。

那我的兄弟姊妹是在兄弟宮，那我的哥哥或是弟弟就在兄弟宮，如果，如果我有二個哥哥，那大哥在兄弟宮，二哥在夫妻宮。

我的姊姊妹妹就在父母宮。如果我的二個姊姊，那大姊就在父母宮，二姊就在福德宮，以此類推。

就像子女是一切的子女，但是大兒子在子女宮、二兒子在財帛宮。三兒子在疾厄宮。大女兒就在兄弟宮，二女兒在命宮，三女兒在父母宮。只能硬背的。

（2）**六親的宮位：爺爺在福德宮**，父親的父親，就是爺爺。父母宮是爺爺的兄弟宮。所以，可以看伯公或是叔公。

（3）**六親的宮位：父母宮講父親，兄弟宮）父親的夫妻宮（是講母親**，那以母親來說，父母宮就是媽媽的爺爺。當然還有其他的的親戚，也是可以這樣類推。那如果要看母親，就要看兄弟宮，也要參看父母宮。不過還是以「兄弟宮」為主。

（4）六親的宮位：人當然還有一個老師、長官。

老師也是看父母宮，長官也可以看父母宮，跟所有的長輩關係。比如說，父母宮有生年祿的人，通常長輩緣就比較好，自己的父母、長輩、長官、老師……都會對他不錯。

（5）非六親的宮位：再來是，不是人的部分。公司、學校、單位、國家……比如說，看公司，父母宮有祿的人，容易進公家單位、國家單位、大公司，當然，也容易進好學校。因為父母宮有祿，比較聰明，記憶力強、長相好看、笑臉常開，比較能帶動氣氛，這些人事物，就會跟他有緣的。父母宮有貪狼祿長相有氣質，廉貞祿，媚，身材好，會放電，才華好，太陰祿、髮黑皮白，古典美女型。

（6）父母宮是記憶力、IQ，聰明才智：父母宮有祿的人，IQ、記憶力強，讀書厲害，長相也比較好看一點。父母宮有忌的，容易想法單純，認真讀書，孝順。但是父母宮多忌，讀書很多，也可能都記不住。要記住要下很多功夫，變成死讀書。也容易忘性大。什麼都記不住。所以，讀書是一步一腳印，不能馬虎。

（7）父母宮是聰明，考運在交友宮。很多人平常考試一百分，大考就失常，問題不在父母宮而在交友宮，交友宮是競爭力，考試競爭力差，一要跟別人比賽比較就輸了。交友宮是考試運，父母宮的事業宮、第九宮，主考試、讀書的運氣。

a、遷移祿入交友，這種人又會玩又會考式的，如果，遷移祿入交友，轉忌，逢父母宮的祿來會，又會玩又會考式又會讀書的，更厲害。遷移祿入父母，轉忌，逢交友的祿來會，也是類似的又會玩又會考式又會讀書的，這個一定要背起的。

b、父母、交友交忌：考式被當、中斷學業、不想讀書。父母、交友交忌，父母是讀書，交友是競爭位，所以，主動的，不想念，或是被動的不給念，當掉。

學生問：老師，我看過父母宮有生年祿，確實念名校、做公務員，但他老爸不成材、夫家窮，就覺得有矛盾？

周星飛：不會矛盾，也可能命主剛好疾厄宮多忌，破的重，為疾厄是父親的遷移宮，或是福德宮多忌，因為福德是父親的父母宮，或「福德、田宅交忌」就會人丁虛寒，男人沒啥用的。丁沒什麼用，老爸也是丁，也跟著沒用了。

（8）父母宮是先天長相來說：

1、父母宮有祿，長相比較圓滿，好看。

2、父母宮有權，長相比較四方，國字臉、威武霸氣。

3、父母宮有科，長相比較文雅，客氣，比較像瓜子臉，書生樣。

4、父母宮有忌的，長相就比較不笑，嚴肅，或是臉上多缺陷。

5、比如說，破相的，尤其父母宮串連武曲忌，更容易少門牙之類的，

6、父母宮有忌，未必會長得醜，但是美就是冰山美人，或是長相的缺點，醜也是缺點。跟有些星性有關的，比如說廉貞忌可能就多長痘子，武曲忌少門牙，文昌忌多斑點，天機忌在父母容易禿頭少毛，巨門忌在父母，可能就會罵人，或是裝啞吧不說話、或是門牙不正、暴牙。父母宮是疾厄宮的遷移宮，所以是肉體的外在表現宮位。

7、以此類推，財帛宮是疾厄的父母宮，也可能看身體的外觀的，都可以參考的。所以，父母宮有忌的，通常身材不會太好看，容易有些外傷，缺點的。

（9）長相的區分：長相會變的。

我的長相都有變的，以前是瓜子臉，但是這幾年下巴厚一點了。因為作了正骨的工作，都要用力了。

我這個大限命宮，踏財帛宮以壬武曲忌入父母，所以，大限命宮忌入父母，那父母宮就得「武曲忌」，這個臉形就變的比較四方，嚴肅一點，不太愛笑了。但是，也要小心武曲忌，牙齒會缺損。或是肺骨、肋骨受傷的。

學生問：老師，長相是不是會隨大限父母四化而改變？

周星飛：不是。剛才說了，是要串連「本命父母」，而不是只看「大限父母」。只要大限、流年命宮四化入父母宮都可能會改變長相、打扮。

a、大限命祿入父母會變聰明、圓融、愛笑。

b、如果大限父母祿入父母，或是本命父母祿入大限父母，就也是一樣會變聰明、圓融、愛笑。

c、像我如果六十六歲之後，大限命宮踏遷移宮以庚武曲權入父母，可能長相會更正方一點，也可能打扮開始有很多配件了，武曲權，裝法器之類的。或是身上金屬相關飾品就多了，或是「裝假牙」、金牙的。

（10）**同樣的命例**：踏子女宮的時候，本命盤：父母宮丁巨門忌入夫妻宮（大限父母）就相應了，有二個象義的：

a、父母忌入夫妻：我的父母關心我的婚姻，或是我的公司叫我工作簡單一點，或是叫我工作，做做停停。所以，我做按摩推拿正骨的工作、接案式的工作。

b、父母忌入父母，視同父母宮有生年忌。

1、愛讀書，斗數讀了十年。

2、長相也不好看。

3、孝順、尊重師長。

4、沖疾厄，也是辦公室不穩定，所以，按摩的工作也是跑來跑去的，不固定的場所。

（11）父母也是長相、外形、氣質，看打扮：

紫微斗數命盤－飛星派

忌　　　　祿

廉貞 貪狼 忌 癸巳 36 - 45 子女宮	巨門 祿 文昌 忌 科 甲午 26 - 35 夫妻宮	天相 乙未 16 - 25 兄弟宮	天同 天梁 文曲 科 丙申 6 - 15 命宮
太陰 壬辰 46 - 55 財帛宮	辛亥年 男命		武曲 七殺 丁酉 父母宮
天府 辛卯 疾厄宮			太陽 權 戊戌 福德宮
左輔 庚寅 遷移宮	紫微 破軍 辛丑 交友宮	天機 右弼 權 庚子 官祿宮	己亥 田宅宮

a、紫微：貴族打扮。有氣質，男的西裝，女的洋裝。
b、武曲：比較帥氣、金屬飾品多。
c、貪狼：隨性搭配多。帥氣。
d、廉貞：打扮以閃亮亮的飾品為主。

（12）猜職業：

父母宮有祿，容易在公家機關或是大公司上班的。或是多上臺講說，公關型的人物。比如說父母宮有貪狼祿、巨門祿之類的，當老師比較容易的。所以，有時候準，有時候不準。要猜這個就只是經驗而已，有時候一下就猜對了，有時候要猜二次才對，這個也不用太在意的，慢慢學就會找到規律。

（13）父母宮也是借錢的宮位。父母宮是「交友的財帛宮」引申為借貸，週轉金錢的宮位。

比如說父母宮有祿的，會跟銀行、別人金錢上的往來很順利，有金流，買賣借貸都順利。父母宮有忌的，要跟人借錢就要自己要小心還不出來。或是借別人錢，別人也還不了，借貸週轉不順利。所以，像父母宮很多忌的，就要小心容易遇到窮的朋友，或是騙人錢的朋友。交友的財帛見多忌的關係。

（14）**父母宮是國家**。法律是國家定的，所以官司，也是一定要看父母宮的，如果，父母宮二忌以上的，打官司輸的機會很大。所以最好也就躲起來，別去爭什麼，認賠就算了。父母宮有忌的，就要小心常常接罰單。因為常常一不小心就違規了，就被罰錢了。所以最好就乖乖的去停車繳停車費，別心存僥倖。

（15）**父母宮是道德感**。

a、父母宮有祿IQ高，記憶力強，作人想法比較圓滿，比較能政通人和，但是，道德感就未必強，因為先強調政通人和，有時候，就不會存在正義感的。因為，先把事情作好再說，吃虧一點就算了。祿科在父母宮善於打圓場，反正不要吃虧太多，息事寧人都就可以。

b、真正道德感重的，父母宮有權、有忌的，這種人就會堅持正義的規則，贏的人要全吐出來，輸的人一定要補回去，才會罷手，非常正義。但是，也許正義錯了，就容易不了解事情的全部經過而過於衝動了。

c、父母宮有一忌 是道德感很重、很執著；但是，二忌以上就扭曲了，會變得很極端，可能非常有道德感，或是非常無恥。所以，有的人好像年紀輕的時候，是正義感很重的，出了社會就變流氓了？或是當公安的，怎麼感覺變成流氓了？原因就在這裡：父母宮多忌，道德感的定義往二個極端發展了，被扭曲了。父母宮有權忌者，很頑固，聽不進人言，不能擇善而從。

（16）**父母宮是疾厄宮的遷移宮，是工作地點的外面**。父母宮有祿權科忌的，沖疾厄（官祿的田宅宮），就會容易工作的位置不穩定，容易到處有驛馬，出差多，換單位多，工作的位置坐不熱就要起來動了。父母宮自化忌就不沖了。

（17）**父母宮是夫妻的田宅宮。對象的田宅宮**。命主，如果是田宅有祿是自己的家庭環境，物質生活好。那父母宮有祿的容易另一半的田宅宮是有祿的，比較有錢一點。因此，父母有祿是旺對象的家庭。嫁入好一點的門是正常的，那要嫁入豪門，要多一點的飛化串連。父母宮有祿，另一半沒錢，也會因為你嫁過去，或是娶過來，就會變有錢。父母宮自化祿，一點點旺，表面上還可以，生年祿是實祿，自化祿是虛祿，其他十二宮化祿入父母都是實祿。

（18）**父母宮多忌**，容易忘性大，但是，這很容易遇到神鬼附身，而忘記作了什麼事的。所以，常見卡陰的時候，魂不附體，說的就是「父母疾厄多忌」的問題。另一種情況，就是也很容易進入「禪定」，同屬「頭腦裡空空之象」。

三、父母宮十星性：讀書的科目，大概就可以參考星性。

(1)武曲是財經、金融、鍊金、鍊鐵術。

(2)天機是算術、企劃、設計。

(3)貪狼是藝術、廚藝、某種專業技能、教育類。貪狼忌，考古（挖死人棺木）。

(4)廉貞是演藝、偏財、美術，化裝品、金飾、珠寶、會發亮。

(5)天相是宰相位，可能是總經理、董事長祕書之類的。

(6)破軍是搞批發，水產、海產、航運。

(7)太陰是石化，美學。太陰是白蕾絲之類的。很白淨的。

(8)巨門是動口、算命、律師、老師。

(9)天梁：醫學、高級品、高級生化科技。

(10)太陽：太陽化祿權，學政治的，能源、電子、網路、通訊、馬達之類的。

(11)七殺、武曲、天梁：有可能是軍校、警校。

(12)文昌、文曲：文字、畫圖、寫作。

（13）左輔、右弼：祕書，輔助的工作。

用父母宮裡坐的星曜或是看看父母宮宮干的四化來看學習科目，有時候準，有時候不準了，都沒關係的，累積經驗而已。

四、父母宮＋四化

（1）父母宮有祿：聰明、美麗、記憶力強。

（2）父母宮有權：霸氣、講話佔上風，嘴巴不服輸。

（3）父母宮有科：客氣、文質斌斌、輕聲細語。

（4）父母宮有忌：嚴肅，不說話，想法短淺，亂說話。

五、其他宮四化入父母宮、父母四化入其他宮的象義：

（以忌為例）。

（一）其他宮位化忌入父母宮，大原則是：化忌入父母宮，都有思考短淺，個性直，容易衝動，或是要低調、不能高調，臉皮薄不想講，違犯長輩、公司、國家、法律的事、名分有問題，沖疾厄，辦公室，或是生病。

(1)命忌入父母：孝順、愛讀書、尊敬長上，守秩序、不愛笑。

(2)兄弟忌入父母：創業思考不長遠、創業要低調，守本分。創業常常不在固定的位置上，像是流動攤販。

(3)夫妻忌入父母：感情想法不深，感情要低調，守本分、我怕我的感情讓父母有忌不高興。和另一半不同戶籍。

(4)子女忌入父母：生小孩想法不長遠，不想講小孩的事，小孩讓我的父母有忌不高興。小孩不同戶籍。

(5)財帛忌入父母：講到錢就臉皮薄，不會跟人講錢的事，錢跟人週轉容易出問題。

(6)疾厄忌入父母，個性比較衝動。健康上，就容易有病容。

(7)遷移忌入父母：在外面的待人處世ＥＱ，不能變成ＩＱ。學習力低，看人的眼色不好。猜不透長輩在想什麼。

(8)交友忌入父母：我不喜歡談論我的朋友，不想交太複雜的朋友。我的朋友陷害了我，去跟長官打小報告。

（9）事業忌入父母：我不喜歡談工作。不想工作太複雜。或是工作容易是國家不允許的灰色地帶。工作要低調。

（10）田宅忌入父母：我不喜歡談我的家庭、房子。我的房子比較沒人知道，或是知道了就覺得不好意思。田宅的事，讓我的父母有忌不高興。

（11）福德忌入父母：我的情緒不想讓別人知道，或是我的情緒比較容易表現在臉上。個性比較急。想孝順，但是嘴巴、動作上很急，讓人覺得不耐煩的樣子。

（12）父母自化忌：孝不孝順，讀不讀書，一切都隨緣。

六、父母宮化忌入其他宮位的象義：

（1）父母忌入命：我的父母、老師、長官、國家，影響到我的個性發展。忌入命，沖遷移，有什麼事就不會對外說。

（2）父母忌入兄弟：我的父母關心我的兄弟，或是關心我有沒有成就。

（3）父母忌入夫妻：我的父母關心我的感情。或是沖官祿，我的父母叫我不要那麼忙，或是公司叫我回家吃自己，被炒魷魚了。

（4）父母忌入子女：我的父母關心我的小孩。

（5）父母忌入財帛：我的父母關心我的錢。讀書也要「向錢看」，不能讀「沒用的」或是讀書會讓你「沒錢」，口袋空空的。

（6）父母忌入疾厄：我的父母關心我的健康。工作環境。

（7）父母忌入遷移：我的父母關心我在外面的待人處世，叫我要單純一點，或是當宅男也行。

（8）父母忌入交友：我的父母關心我的交友狀況。

（9）父母忌入官祿：我的父母關心我的工作狀況，職業等。

（10）父母忌入田宅：我的父母關心我的房子，家庭的狀況。

（11）父母忌入福德：我的父母關心我的情緒，或是讀書也給我很多的情緒。偏執挑剔。

（12）父母自化忌：孝不孝順，讀不讀書，一切都隨緣。讀書會挑科目來念的。

第十課

宮位的解釋：福德宮

福德宮精神信仰、專注心、失眠、發瘋、亂花錢、念經、持咒。

一、立太極的宮位轉換：宮位的延伸含意。

這個要學起來，有很多宮位上的含意需要了解。但是有些解釋的不好，就留白下來，等待各位去補充。

（一）以不同的宮位為太極點看福德宮。

1、福德宮是父母宮的父母宮：爺爺……

2、福德宮是命宮的福德宮。

3、福德宮是兄弟宮的田宅宮：兄弟是媽媽。福德宮是媽媽的田宅，是「母族」。

4、福德宮是夫妻宮的官祿宮：另一半的工作。

5、福德宮是子女宮的交友宮：小孩子的朋友。

6、福德宮是財帛宮的遷移宮：賺錢的機遇。

7、福德宮是疾厄宮的疾厄宮：肉體的健康，也要配合精神上的健庚。精神上有問題，肉體也會跟著有問題。

8、福德宮是遷移宮的財帛宮：待人處世能不能賺到錢。

9、福德宮是交友宮的子女宮：朋友的小孩。

10、福德宮是官祿宮的夫妻宮。

11、福德宮是田宅宮的兄弟宮。

12、福德宮是福德宮的命宮。

（二）以福德宮太極點的轉換。

1、命宮是福德宮的夫妻宮：福德宮是爺爺，奶奶就在命宮。

2、兄弟宮是福德宮的子女宮：

3、夫妻宮是福德宮的財帛宮：叫「福分財」：娶千金，嫁入豪門。都是大福報。爺爺賺錢的方法。

4、子女宮是福德宮的疾厄宮：福報的顯現，表現在小孩上面，生好子，生惡子。

5、財帛宮是福德宮的遷移宮：精神狀況，由花錢的態度而得知。如果因為情緒不好就亂花錢，肯定是福德宮有忌的人。

6、疾厄宮是福德宮的交友宮。

7、遷移宮是福德宮的官祿宮。

8、交友宮是福德宮的田宅宮：精神宮位的富足，看交友的情況。

9、官祿宮是福德宮的福德宮。

10、田宅宮是福德宮的父母宮：爺爺的父親。

11、福德宮是福德宮的命宮。

12、父母宮是福德宮的兄弟宮：爺爺的兄弟就看「父母宮」、伯公或是叔公。

二、宮位的含意：分狹義，廣義，跟上面說的延伸含意。

1、狹義的福德宮，代表的「福（福報）、德（德行）」。這個是最原始的含意。

2、廣義的福德宮：精神力、宗教信仰、專注心、失眠、發瘋、亂花錢、念經持咒、偏好。

3、延伸的含意：

1、六親的宮位：福德宮是父母宮的父母宮，也是我的爺爺。

2、六親的宮位：以父親來說就是父親的姊妹（就是姑姑輩的）。

3、六親的宮位：以媽媽來說，福德宮是媽媽的田宅宮，媽媽的田宅宮就泛指媽媽那邊的家族。這個當然再遠一點的親戚，也是可以這樣計算。

4、了解親戚的計算就可以立太極，借你的命盤看六親的情況。借盤看六親也是需要學習的。

從你的命盤看父親、母親姑姑的女兒、舅舅的兒子、鄰居的朋友……其實都可以練習的，有助於學理上的進步的。

4、福德宮跟失眠、晚睡有關係、夜貓子。

福德的忌轉忌扯上「天機」、「太陽」、「太陰」、「文昌」、「文曲」或是福德宮坐「天機」、「太陽」、「太陰」、「文昌」、「文曲」化忌的。都容易是夜行性的動物。只要忌在福德，都是煩惱多、想得多、晚睡、不睡、失眠；忌越多的越是不喜歡睡覺，想睡也不一定睡的著；所以通常福德宮有忌的，睡覺時間一定比較少的，相反的，福德有祿的，一定比較懶就會愛睡覺。

5、福德宮有忌，就容易多思考。

福德有忌的就容易腦子裡停不下來，一直轉，很多事就會放腦子裡一直想。福德宮有忌的就會想的比較負面的，比如說一個不認識的人說要來找你，你就會想一大堆可能的情況，十八套劇本都想好了，結果都是亂想。

6、當然福德有忌的人就會追求內心的平靜的。

剛才說的精神信仰，福德有太多忌的時候精神就容易產生障礙，太多忌打架了，腦筋轉不過來了。所以福德宮如果有太多忌的話，精神上必然有大問題的。憂鬱、躁鬱症的潛在因數很多。最常發生的就是小不如意，就變成非常不如意，別人一句話，你聽了不高興就要死要活的，受不了人家的刺激，就跳腳了。以上是福德有忌的情況。

7、福德也是精神信仰、阿賴耶識裡的事。

比如，交友忌入福德：可能朋友的事，讓你氣半個月，每天就一直想這個事，想到就氣。這樣子很容易把這個事種在阿賴耶識裡，將來都可能會再發生的。比如說某一個人小學的時候欺負你了，長大之後再遇到，就可能繼續生氣的，或是就動手打人了。特別能記仇。

8、神經病未必一定是福德多忌

另一種神經病是父母、疾厄太多忌，跟命遷太多忌。主要還是父母、遷移多忌，容易被外靈入侵，頭腦變空之象。所以，神經病的情況有很多種的，未必一定是福德宮多忌的。

9、福德有忌，沖財帛：亂花錢。

忌入福德沖財帛：就會重享受、享用。亂花錢。

比如說喜歡什麼就會想去買的，沒錢也會想辦法去買的。這都是可能的解釋。還有買的東西，也一定會跟別人不一樣的、特殊的、滿足自我的風格的。即使買了一樣的東西，也會自己又加些裝飾的。還是又跟別人不一樣的。

10、福德宮跟命宮的差別：

a、福德宮都帶有愛恨情仇、偏激的想法，比如說命忌入夫妻，就很單純的愛一個人；但是福德忌入夫妻就不一樣了，愛是愛的，能為他付出一切包括生命、金錢、人生，但是恨的時候，就會要想跟他同歸於盡。愛之越深，恨之越切。所以福德帶有愛恨情仇的意味。

b、比如說夫妻忌入福德，這種挑對象一定有偏好，不一定是白富美，但是一定有其特殊喜好，比如腳美的、頭髮漂亮的、胸大的……未必一定是臉美，但一定有其特別的喜好。

c、通常會挑剔的，一定跟福德宮有關的。比如說福德忌入官祿會挑工作，沖夫妻也一樣會挑感情。福德忌入夫妻，沖官祿也一樣挑感情、挑工作。

d、福德忌入兄弟，一樣挑事業、成就，沖交友挑朋友。

福德忌入命，就是什麼想法都放心裡，沖遷移，不對外說。

福德忌入財帛，愛賺錢，想著賺錢而已。

福德忌入父母，脾氣比較快，也會孝順的，也是挑剔父母、讀書的科目。

福德忌入子女也是挑，愛、恨都有。也可能會溺愛的，愛的不得了的。

所以，解釋都有兩種以上的解釋，絕對不是單一解釋，不然有的地方就解釋不通了。

學生問：老師福德祿入子女不是溺愛子女了嗎？為何忌也是？

周師：對！忌是執著，祿是博愛。比如說有四個小孩好了，祿入子女，是雨露均沾；忌入子女可能對大兒子比較好，其他人就不好了。忌就會有偏執之象了，把所有的愛都放在同一個人事物之上。祿就是平均分每個都好。

學生問：福德祿入夫妻怎麼解釋？

周師：想法上對老公好，對老公非常包容。

11、福德宮是果報的宮位：

十二宮都是因果，福德、遷移、夫妻是陰中之陰，看不到的果報；命是心、福德是靈、疾厄是身體肉體。比如夫妻來說，窮小子娶千金，少奮鬥三十年，果報、旺家；比如夫妻祿入田宅，就是類似的道理，娶的老婆就能讓田宅有祿。命盤本來就是因果的體現，人生的劇本。所以，福德祿入田宅，可能爺爺那一代就有錢了，剛才說的福德是爺爺，如果不是爺爺有錢，那就說多念念經就家裡會有錢，比較平安順利了。

福德權入田宅：能好好讓家庭有權擴大。比如說學了相關房的知識，就會善用在田宅上，或是裝修然後就會把房子弄大弄好看；權就是夏天、極陽、擴大。是十足的積極擴大之象。祿也是，祿是圓融、圓滿，十足的四平八穩。科的話就是文雅、小巧，喜歡弄個小書房、小房間。

12、福德的權＋父母的祿是一種虛榮之象：

比如說福德權入夫妻，父母祿入夫妻，在感情上、工作表現上就比較表現出得意自滿。福德的權入交友＋父母的祿入交友：這個可能虛榮在朋友之間，炫耀自己的父母、學歷、長相……。

13、家道中落，跟福德、夫妻、遷移，子女，田宅破、交忌有大關係。

（1）改姓：通常容易抱養，這個當然會改姓的。入贅，然後生的子女、本應改母姓，但是男方照約定，還是從男方的姓。以上的情況，都會導致人倫上的混亂，可能祖先的不高興，就會降罪於子孫上。

（2）祭拜祖先不得法：

1、後世子孫不祭拜祖先。

2、祖先牌位上的名字寫錯，祖先收不到。

3、或是祭拜祖先的方法錯了，二個祖先，在同一廳堂裡，導致二家祖先爭香火，後世子孫也是不得安寧。

三、福德宮十十八星：精神狀況、宗教信仰……等，大概就可以參考星性。

（1）武曲：化祿，想法圓融。化權忌，想法剛硬。信仰是金剛經之類的、關老爺武將之類。

（2）天機：化祿權科，是動腦快。化忌，是腦袋打結。信仰：邏輯學、智慧。

（3）貪狼：喜歡是藝術、廚藝、某種專業技能。貪狼忌，容易走歪，或是學錯。

（4）廉貞：祿是演藝、偏財、美術，化裝品、金飾、珠寶、會發亮。廉貞忌，可能容易走入偏門、酒色財氣。信仰：狐仙、或是走什麼養小鬼之類的。

（5）天相：是宰相位，為人就霸氣一點。

（6）破軍：化祿權，自視甚高。宗教信仰：管理型的，比如說玉皇大帝。

（7）太陰：石化，美學。太陰祿是白蕾絲之類的。很白淨的。太陰忌：潔癖到有點病態了。太陰祿權，是女神類的神明：觀世音菩薩、度母、媽祖。都可以參考看看。

（8）巨門：巨門祿權，是喜歡說話、巨門忌，是憂鬱症、躁鬱症的傾向。化祿權，是門神類的，護法：化忌，養小鬼之類的，奇怪的信仰。

（9）天梁：化祿權，老大心態。自視甚高。宗教來說：最高的級別：佛菩薩、三清道祖、大羅金仙。

（10）太陽：太陽化祿權，搞政治，男人太陽忌，也是大男人主義。

（11）七殺、武曲、天梁：化權，自視甚高，霸氣、殺氣。宗教信仰：關公、千歲、武將之類。

（12）文昌、文曲：化科想法多，想法細緻，化忌，想法多、易鑽牛角尖。宗教信仰：文昌帝君，各種畫神、書法神。

（13）左輔、右弼：化科，想法多，想幫助人，輔助，為人客氣，提不起放不下。

四、福德宮十四化：

1、**福德有祿**：比較懶，想法比較樂觀。

2、**福德有權**：比較自大、自信。什麼事想法裡都有點看不起別人，以我自己的想法是最大的。喜歡大塊的玉珮之類的，權就是大的東西。霸氣的外形。

紫微、七殺在福德：七殺隱含權，紫微化權、科，也差不多帝王級的享受，權沖財帛，花錢就會大手大腳，一個型號要買不同的顏色，就是一種挑剔跟霸氣。

3、**福德有科**：想法比較客氣、文雅，也比較拖拉，提不起、放不下；福德的科是喜歡小巧可愛的東西，比如說玉珮、戒指。小小的。

4、**福德有忌**：想法比較偏執，也容易有負能量的產生，容易受刺激，受悶氣挑事業；福德忌入兄弟也是挑剔事業，但是也是一定想要成事、有成就；所以不睡覺也要弄出來。

5、**福德宮有祿的，花錢比較隨意，高興就買。**

福德有權的，花錢比較霸氣，總想再買好一點的，規格好一點的。

福德有科的，花錢比較客氣，想想再買，也會買比較秀氣的、可愛的。

福德有忌的，花錢比較執著，沒錢也會買，一定要買什麼牌子的。忌一定要買特別的，而且福德宮有偏好，所以可能對某個品牌偏好。比如說手機就買某果，大概就會一直買下去；比如化妝品就固定某個牌子、還有買東西也會想買跟別人不一樣的：比如說買車子，就會挑顏色，特別的顏色，最好也是只有我的有，別人都沒有。就算大家都一樣顏色，也會去弄一些花樣，能辨別的。這個就是福德宮的特點。

6、自化就是一種表面的功夫。

自化是虛像，看起來好像這樣子，未必是這樣子。好像真的，未必是真的。

(1)福德自化權，想法老是高人一等，擺出來就是擺明的，我是老大。不過福德也不是顯於外的，至少想法上示高人一等。

(2)福德自化祿，看起來就很天真。福德是自化祿是看起來很樂觀，但是遇到事情就破功了。

(3)福德有生年祿，是很天真、樂觀發生什麼事都一樣。

（4）福德有權是十足的霸氣、自大，發生什麼事都不會動搖，忍耐；福德自化權就像紙老虎一樣，講的嘴巴都是泡沫，一出事就閃遠了。

（5）福德四化都有偏執：福德科也是會想著什麼東西的，福德的科喜歡小巧可愛的東西，比如說玉珮、戒指。小小的。福德科入交友：對朋友客氣的，喜歡細水長流的。

五、其他宮四化入福德宮、福德宮四化入其他宮的象義：（以忌為例）

（一）其他宮位化忌入福德宮，大原則是：

化忌入福德宮，都有挑剔，偏好，易受刺激，愛計較、會記仇，亂花錢的個性。

（1）命忌入福德：我這個人一輩子偏好很多東西，每個時期可能不一樣。對什麼東西都可能挑剔。

（2）兄弟忌入福德：創業思考很挑行業。

（3）夫妻忌入福德：感情挑剔，感情讓我睡不著。

(4)子女忌入福德：生小孩讓我很挑剔，小孩的問題讓我睡不著。

(5)財帛忌入福德：講到錢就讓我煩腦，睡不著。錢花到我想花的地方。

(6)疾厄忌入福德，我的健康讓我很煩惱。

(7)遷移忌入福德：在外面的待人處世ＥＱ，會是外面發生的事，讓我很不高興，變偏激。

(8)交友忌入福德：朋友同事的事、或是跟人家競爭什麼的事，讓我覺得很煩惱。

(9)事業忌入福德：工作讓我很煩。常常覺得付出跟獲得的薪水不成正比。

(10)田宅忌入福德：我的家庭、房子，讓我很煩。田宅的事，也可能常常讓我花錢（沖財帛）。

(11)福德自化忌：宗教信仰、花錢什麼的，都是隨緣。

(12)父母忌入福德：父母、讀書、長相，讓我覺得很煩，或是讀書要讀偏科的，喜歡讀就讀整夜，不喜歡讀的就丟一邊，不讀了。

六、福德宮化忌入其他宮位的象義：

（1）福德忌入命：我的精神，自己找自己的麻煩。忌入命，沖遷移，有什麼想法就不會對外說。

（2）福德忌入兄弟：我的精神上關心我的兄弟，或是很想創業。

（3）福德忌入夫妻：我的精神上很在意我的感情。或是沖官祿，如果一但有了情緒，我就會不想工作。

（4）福德忌入子女：我的精神上關心我的小孩，或是愛寵物。

（5）福德忌入財帛：我的精神上，也喜歡錢。

（6）福德忌入疾厄：我的精神上，就是放在我的健康、去健身，或是去紋身。或是工作環境。

（7）福德忌入遷移：我的精神上關注我在外面的待人處世，或是外面發生的事。一但看不爽，我就可能會很急，或是變成急著去動手砸東西的。有點變成瘋子了。

（8）福德忌入交友：我的精神上很關心我的朋友、同事狀況。

（9）福德忌入官祿：我的精神上很關心我的工作狀況，職業等。

（10）福德忌入田宅：我的精神上很關心我的房子，家庭的狀況、住的環境。精神上可能會折磨家裡的人。比如說，牙膏怎麼擠，衣服怎麼放，鞋子怎麼放，都要跟著他的規則。

（11）福德自化忌：宗教信仰、花錢什麼的，都是隨緣。

（12）福德忌入父母：我的精神上，放在我的父母或是讀書上。忌入父母，就會有急躁的個性的。

第十一課

宮位的解釋：田宅宮

田產、房子、不動產，陽宅陰宅、住宅環境、家族情況、收藏宮。

一、立太極的宮位轉換：宮位的延伸含意。

這個學起來，有很多宮位上的含意需要了解。留空的地方，就等各位解釋了。

（一）以不同的宮位為太極點看田宅宮。

1、田宅宮是父母宮的福德宮：我父親的精神狀態。

2、田宅宮是命宮的田宅宮。

3、田宅宮是兄弟宮的官祿宮：我媽媽、兄弟姊妹的工作狀況。

4、田宅宮是夫妻宮的交友宮：我另一半的交友態度。

5、田宅宮是子女宮的遷移宮：田宅就是家教門風，小孩在外面的表現。

6、田宅宮是財帛宮的疾厄宮：財帛是一，田宅是六。所以也是一六共宗。

7、田宅宮是疾厄宮的財帛宮。

8、田宅宮是遷移宮的子女宮。

9、田宅宮是交友宮的夫妻宮：我朋友們的感情狀況。

10、田宅宮是官祿宮的兄弟宮。

11、田宅宮是田宅宮的命宮。

12、田宅宮是福德宮的父母宮：我爺爺的父親。曾祖父。

（二）以田宅宮太極點的轉換：

1、命宮是田宅宮的子女宮。

2、兄弟宮是田宅宮的財帛宮：家庭的用錢方式看兄弟宮。

3、夫妻宮是田宅宮的疾厄宮：田宅是一，夫妻是六，所以是一六共宗位。

4、子女宮是田宅宮的遷移宮：整個田宅的表現，跟小孩有關的。

5、財帛宮是田宅宮的交友宮。

6、疾厄宮是田宅宮的官祿宮：家運位。

7、遷移宮是田宅宮的田宅宮。

8、交友宮是田宅宮的福德宮：這個家族、家庭的果報顯現，就可以看交友。

9、官祿宮是田宅宮的父母宮。

10、田宅宮是田宅宮的命宮。

11、福德宮是田宅宮的兄弟宮：曾祖父的兄弟姊妹。

12、父母宮是田宅宮的夫妻宮：家族、家庭的「感情觀」在父母宮。

二、宮位的含意：分狹義，廣義，跟上面說的延伸含意。

1、狹義的田宅宮，代表的「田（田地）、宅（房子）」這個是最原始的含意。

2、廣義的田宅宮：田產、房子、不動產，陽宅陰宅、風水、住宅環境、家族情況、收藏宮。

3、四化入田宅是不同方式的存錢，也是一種對家庭、買房子大小跟裝璜擺飾的佈置之象。

（1）比如說：田宅有祿，買房子是舒服就好。那裝璜家具一定都要挑很舒服的擺飾裝璜。顏色、佈置不能太過衝突，比如說都是禪風，貪狼祿。就不會有一個金光閃閃的家具或是裝飾。

（2）田宅有權，買房子就是要大。然後裝璜常常會買一種過大誇張的家具，比如說房間不大，家具買很大。

（3）田宅有科，買房子就小巧精緻，所有的裝璜、傢俱家飾都要可愛、精巧、輕巧。比如說一個小桌子收起來小小的，但是展開來是大大的，多功能性也對，就喜歡這種樣子的。

（4）田宅有忌，買房子一定是負擔的起的，常常是二手房，很舊的房子。裝璜家具也是堪用就好了，省錢至上。

4、四化入田宅，也是收藏象。

（1）夫妻忌入田宅，感情上來說，就比較會長久，挑對象，就是以成家為考慮，而會有婚姻上長久的打算，或是感情上長久的打算。夫妻忌入田宅，這個也是對象會吃定你的房子的情況。那買房子大概就會要登記在對方的名下。

（2）交友忌入田宅。

a、你交的朋友都比較務實，朋友交得比較久。

b、這個也容易交到損友，朋友吃定你家。

c、或是你喜歡找朋友來家裡吃吃喝喝的。像在戰國時代，養士四公子之類的。

（3）官祿忌入田宅，這個也是工作有長久的打算。通常一個工作會作很久。但是，這種工作作太久，官祿忌入田宅，工作都會讓家裡產生意見。比如說，長期的加班，家裡就跟你說不要做。

（4）疾厄忌入田宅，病會收藏起來，如果一生病，或是一發生意外，通常就好不了，有長久的毛病、老傷、舊傷。

（5）祿入田宅，好事很久；忌入田宅，壞事很久。

5、田宅也是家庭教育，門風、家教。

田宅忌入夫妻，你家裡叫你要執著感情，沖官祿，不要工作太累，或是整個家族都有早點退休之象。

田宅忌入兄弟、財帛之類的，也容易這個家庭教育是教你早點理財、做生意之象。或是整個家族都是生意人多。

田宅忌入交友，父母、子女，也容易這個家庭教育是教你要重視人際關係，忠孝節義、兄友弟恭、母慈子孝，慈悲佈施……，做好人好事的。也一個家庭門風、家教的影響。

6、田宅是選擇住的地方，或是有緣住的地方，有緣有二種：

（1）我主動想要選擇住的地方：

（2）我不得已就變成現在的狀況，比如說：父母給住的房子，或是租房子。

比如說：田宅忌入交友，這個人主動就喜歡住在人少的地方、安靜的地方，所以可能住鄉下，或是住在城市裡的小巷子裡。比如說田宅祿忌都入交友，那怎麼解釋？可能房子一邊沒人，一邊有人。或是早上有人，晚上就沒人，或是晚上有人，早上就沒人。都是可能的情況。

7、搬家虧錢，換房子損失。

(1)田宅忌入交友，沖兄弟，這個如果一搬家，很多東西都會丟掉的，或是賣了房子，裡面東西都送人了。因為兄弟是成就，是財庫，是錢。田宅忌入交友，比如說是靠近市場，人很吵很髒亂，沖兄弟，就減損房子的價值。

(2)田宅忌入福德，沖財帛，這個只要搬家也是虧錢的。

(3)田宅忌入子女，沖田宅，搬家也是虧錢。因為田宅變動的問題產生的損失之象。

(4)田宅忌入遷移，住的地方社會上都說不好，逆社會、反社會的潮流。比如說大家都不愛住山上，你就說住上山好啊。人家說什麼，你就偏偏不想跟著社會上走。還有你買賣處理房子的方法、想法。是違反一般社會規則。亂買亂賣。或是就放著不處理，把房子放到爛掉。

(5)田宅忌入兄弟，沖交友，忌入疾厄，沖父母，這個也容易搬家，就沒朋友，或是一搬家就跟父母少來往。

(6)田宅自化忌，田宅的事隨緣。

學生乙：田宅權入交友，也是熱鬧的地方嗎？

周星飛：田宅權入交友，這個房子容易住在人多的地方，比如說：大廣場，大馬路旁也算。

8、耐不耐用的概念：

跟田宅交祿，很耐用，有存在的空間。跟田宅交忌，不耐用，沒有存在的空間。

(1)田宅是收藏宮，跟什麼宮位交忌，大概緣分就不長。

a、夫妻跟田宅交忌，跟家裡的另一半緣分就不長，家裡沒有另一半的位置。感情、婚姻不長久。

b、財帛跟田宅交忌，你的財產就特別容易壞，要修就損失了。汽車機車就特別容易壞，不耐用常常要花錢修理。

c、疾厄跟田宅交忌，你這個肉體很不耐用，常常會故障生病要修，要保養。

d、田宅跟交友交忌，大概朋友也是故障有問題的多，有用的不太多。跟朋友的緣分就不長久，不耐用。常常來的，可能都是損友。

(2)田宅交祿，就是緣分很長久的。

a、夫妻跟田宅交祿，一個對象可以推持很久的。家裡有很多另一半的空間，所以也容易男人「三妻四妾」、大紅燈籠高高掛。

b、田宅跟交友交祿，友誼可以維持很久，跟朋友的緣分很長久。或是家裡常常有朋友來找。

c、田宅跟疾厄交祿，這個肉體很耐用。有長壽之象。

9、田宅也是陽宅風水：

(1)田宅跟財帛「交祿」，那你家的陽宅風水就可以催財。容易有效果。

(2)田宅跟夫妻「交忌」，那你家的風水怎麼「催感情、催桃花」都不會有什麼用，因為先天上緣分就不足了，再怎麼催，也催不出來。或是催一下好像有效，但是效果很快就沒了。

(3)這個就是能催不能催，在命盤上，就很容易看出來了。一命、二運、三風水。沒有那個命，就不要作這個風水。

10、田宅宮是房子裡面的事；田宅的自化，是房子外面附屬建物。

（1）田宅裡的四化是「實」，田宅的自化，是家的外面，虛象。比如說，田宅有生年權，家庭房子的裡面可能很大，田宅有自化權，是家的外面可能有個大院子、大陽台。自化畢竟具徒有其表的意思。比如田宅自化權，那房子的外部給人感覺寬廣、開闊，而房子的內部可能並沒有感覺上那麼大。

（2）田宅的自化有以下特點：

a、田宅「自化祿」，房子外面的空間、陽台「適合、舒服」。

b、田宅「自化權」，房子外面的空間、陽台「廣大、寬闊」。

c、田宅「自化科」，房子外面的空間、陽台「小巧、精緻」。

d、田宅「自化忌」，房子外面的空間、陽台「狹窄、不如意」。田宅自化忌有對家庭、住家、家人不用心、不堅持、無所謂、隨緣之象。

（3）住在房子那麼多大，那要怎麼看：

你和你配偶田宅宮的情況很少會相同的，但你們又住同一所房子，這怎麼解釋？如果老公命盤田宅有個自化科，那老婆命盤田宅有個自化權，那房子外面是小巧還是大？其實都有可能的。但是，如果一個是田宅自化忌，一個田宅自化權，這個就是「極端之象」。有可能一面是「大」，一面是「小」。比如說，前面是大，但另外一面可能很「亂」。所以「祿科」是一組，權、忌，都是獨立的。自化祿科，可能差不多。自化權會大。自化忌是小、亂、沒有，或是沒用。所以，老婆、老公的田宅一個是自化祿、一個自化權或自化科，可能就差不多。如果，一個自化權、一個自化忌，可能就差很多了。

11、買房子的時間點，擺風水物。

（1）以子女宮為大限命宮來說：

a、田宅巳文曲忌入命（大限田宅），相應田宅的忌，所以是「不富」之象。所以這個大限要置產就有問題很多。強硬要置產，那就非常容易變成屋奴。或是買不到好房子。

b、田宅的祿相應了，就不窮，田宅的忌相應了，就不富。

c、那如果真的強硬要買的話，也不能在福德宮、官祿宮、遷移宮來買的。因為這三個宮位跟田宅交忌。買房子的時間點，就是這樣子看的。

d、流年命宮、大限命宮跟田宅交忌，也不是買賣房子的好機會。流年命宮、大限命宮跟田宅交祿，是買賣房子的好機會。田宅的忌相應了，也最好少買，尤其是田宅的忌相應的時候買下來，真的都有大問題的，不是虧錢，就是壓力大，或是買的房子風水不好。

(2)跟田宅的忌，交忌的方位，也不能用。

田宅跟福德宮戌、官祿宮子、遷移宮寅會交忌，所以這三個方位也最好少動，何謂少動：不要開門、陽台、落地窗。

紫微斗數命盤－飛星派

忌 ↖　　　　　　　　　　　　　　　↗ 祿

廉貞 貪狼 忌 癸巳 36-45 子女宮	巨門 文昌 祿 忌 科 甲午 26-35 夫妻宮	天相 乙未 16-25 兄弟宮	天同 天梁 文曲 科 丙申 6-15 命宮
太陰 壬辰 46-55 財帛宮	辛亥年 男命		武曲 七殺 丁酉 父母宮
天府 辛卯 疾厄宮			太陽 權 戊戌 福德宮
左輔 庚寅 遷移宮	紫微 破軍 辛丑 交友宮	天機 右弼 權 庚子 官祿宮	己亥 田宅宮

（3）、田宅的祿相應了買賣房子就是好的。

田宅巳武曲祿入父母，轉丁巨門忌入夫妻，逢生年辛巨門祿，逢疾厄交友辛巨門祿來會。

a、如果要買房子，大限命宮、流年命宮踏疾厄交友是買房子的好時間。以這張命盤來說，尤其是大限命宮是疾厄宮，田宅巳武曲祿入父母，照疾厄，再轉丁巨門忌入夫妻（大限田宅），逢疾厄（大限命宮）辛巨門祿來會。所以，疾厄宮是大限命宮，買房子是最適合的。

b、剛才說的，田宅的祿也是陽宅催風水的，田宅跟疾厄交祿，陽宅風水來催健康一定是很容易、快速的、順利的。怎麼催？田宅巳（亥、豬）武曲祿入父母。可能酉宮的位置上擺個豬之類的，再轉丁巨門忌入夫妻逢巨門祿，可能在午宮的位置上擺個雞。金是白、金屬的，木是綠、木頭的，水是黑，火是紅、土是黃。祿是青、權是紅、科是白、忌是黑。

c、擺神像、佛經：擺神像，最好要串連福德宮的祿權科。

①福德宮戊貪狼祿入子女，那我可以在貪狼的巳位，擺祖師爺。

福德戊太陰權入財帛，在辰位放綠度母、白度母、觀世音菩薩、媽祖之類的女神像。

父母宮有武曲，要放的話，可以放金剛經、武曲，也是武將。

夫妻宮要擺佛像就可以擺護法的門神之類的，巨門祿。或是文昌帝君也行的。

②一定要串連，福德宮的祿權科，才能當作神位來擺，不是說太陰在辰就一定要擺女神的，那會有很高的機會擺錯。如果，福德宮的忌擺神像的話，怕也容易擺錯的，總是神像不要擺忌的地方，忌是「純陰之氣」，神明是陽氣的。我的福德戊天機忌入官祿，好像只有一忌，但是對宮夫妻宮至少有四忌，還是會沖天機忌的，所以，神像擺在官祿宮子位的話，怕神明也待不久，坐忌，又被對宮的忌沖。不吉。

③我記得看過有人直接用命盤上的宮位跟星曜來擺神明的位置，但是，我發現不看四化的話，就很容易擺錯的，這個就要小心的。

12、陽宅風水。怎麼挑選？

開大門在生年忌的地方的房子，就不能買。

開大門在生年祿權科的房子就可以買。這是都是大原則的。

現在的房屋，也有很多落地窗、陽台、窗戶，都要比照辦理的，有忌的地方，就不要開、不要動。

有祿權科的地方，就可以多動。

像房間如果在生年忌的地方，保證睡起來很不舒服的。可以多參考。面朝著生年忌的地方，也都不是好的。

13、陽宅催生術：腳向的子女宮宮干化出的祿，來睡覺，可以增加懷孕的機會。

14、興家、旺家之象。

那田宅也是父族以上的總合，爺爺曾祖父……，或是「整個家庭或是家族的人」。

比如說，田宅祿入福德、遷移、夫妻之類的，這個也容易家族興旺，夫妻祿入田宅，感情可以帶來田宅的祿，嫁一個有錢的對象，或是娶一個有錢的對象，都是合理的。

田宅祿入果報宮，田宅的祿能變成果報，有點積福之象。那反過來說：福德祿入田宅是果報帶來田宅的祿，是有點拿出來花，但是二者都是有福之象，或是興家旺宅之象的。飛化的意義都是好的，但是細節有些不一樣，這個可以稍加思考的。

15、田宅祿權科入父母，比如容易住高樓。

長寬高的概念，父母是「高」，交友是「寬」，子女，是前面的開闊的空間。比如說，田宅權入子女，可能房子的前面空間就很大了，搞不好就是大馬路，對面要幾十公尺的，還有子女也有一個特別的，就是會近學校。交友特別的是人潮多。父母的特別，就是公家機關多、大公司多、銀行。

學生甲：如果田宅忌入子女，是在家待不住，對嗎？

周星飛：是的，田宅的忌出，也是往外跑。田宅忌入子女也可能家裡近學校，因為有忌，所以學校的「品質」可能有問題，學區不好。

學生甲：沒錯，為了學區一直很煩。

三、田宅宮十星性：住的環境，家裡的氣氛，大概就可以參考星性。

（1）武曲：化祿，田宅氣氛圓融。化權忌，剛硬，鐵皮屋之類。

（2）天機：化祿權科，田宅和樂。化忌，是田宅裡的成員腦袋打結，或是缺少木頭，或是老舊木頭裝潢多。

(3)貪狼：化祿權，家人喜歡是藝術、廚藝、某種專業技能，喜歡山醫命卜相。貪狼忌，山醫命卜相容易走歪，或是學錯。

(4)廉貞：祿是家裡的人演藝、偏財、美術，化裝品、金飾、珠寶、會發亮。廉貞忌，可能容易走入偏門、酒色財氣。信仰：狐仙、或是走什麼養小鬼之類的。

(5)天相：是宰相位，家裡的人為人就霸氣一點。

(6)破軍：化祿權，家裡的人自視甚高，房子容易超大。

(7)太陰：石化，美學。太陰祿是白蕾絲之類的。家裡容易很白淨的。太陰忌：家裡容易潔癖，有點病態了。

(8)巨門：巨門祿權，家裡容易是喜歡說話、巨門忌，家裡容易多是奇怪的問題，比如說包養、改姓、養小鬼之類的，奇怪的信仰、東西很多。。

(9)天梁：化祿權，家裡容易老大心態。自視甚高，喜歡住在花花草草的地方。

(10)太陽：太陽化祿權，家裡容易有人當官的，比較博愛的。化忌，就不博愛了。

(11)七殺、武曲、天梁：化權，家裡容易自視甚高，霸氣、殺氣。家裡容易成員多軍警。

(12)文昌、文曲：化科家裡容易多藏書，化忌，家裡的人想法多、容易鑽牛角尖。

（13）左輔、右弼：化科，家裡的成員多想幫助人，或是多是輔助的人材，為人客氣。

用田宅宮裡坐的星曜或是看看田宅宮干的四化來看住的地方，有時候準，有時候不準了，都沒關係的，累積經驗而已。

四、田宅宮十四化：

1、田宅有祿，家庭和樂、物質生活好。

2、田宅有權，就會積極的收藏，加快速度、加大力度的收藏存錢。買房子喜歡大。

3、田宅有科，就會有計劃，有順序的慢慢細水長流的存錢收藏，或是喜歡小套房。

4、田宅有忌，買房子就會執著，一心一意的存錢買房子，用錢是一個錢打十個結。

（1）田宅有忌可能買房子比較辛苦，長期房奴。

（2）那買的房子就容易是舊的，可能買的房子會有問題的，比如說房型有問題，不規則，或是缺角缺邊的，總是房子有忌。

（3）如果買全新的，也可能住的遠離市區，不方便的，但是也可能外在的環境，或是裡外的風水有問題。總是家有忌。這個很多解釋都在「忌」裡，所以都要去理解的。

5、生年祿入田宅，這個再怎麼窮，也都窮不到負債的，如果一個敗家子的命盤，一看到生年祿入田宅，再怎麼敗，家裡都還是有錢的。

6、如果一個年薪幾百萬的，一看到田宅有生年忌。

(1)可能家庭的負擔也大。

(2)可能存錢也比較辛苦，或是買房要作幾十年的房奴，就像蝸牛一樣，背房貸很重。

7、如果「田宅有生年祿的」，放心啊，沒錢也會有人拿錢出來幫你的，家庭就是福啊，買房子就「容易」，再怎麼窮也窮不到要飯的，真的很窮的話，賣了房產就有錢了，有福報，不會很窮的，生年祿在田宅的關係。

五、其他宮四化入田宅宮、田宅宮四化入其他宮的象義：（以忌為例）

（一）其他宮位化忌入田宅宮，大原則是：化忌入田宅宮，都有重視家人、有收藏、累

積、私心，沖子女，影響小孩、不佈施之象。

(1)命忌入田宅：我這個人，個性上比較喜歡顧家、收藏東西。

(2)兄弟忌入田宅：創業思考非常小心，計算成本。有賺錢就存起來。

(3)夫妻忌入田宅：感情的選擇，就是成家為標準。

(4)子女忌入田宅：生小孩的選擇，也是家裡能負擔為主。小孩的問題也會讓我的家庭負擔變重。

(5)財帛忌入田宅：花錢就是很計算的。有錢就存到家裡了。

(6)疾厄忌入田宅：我的健康，可能會有長期的毛病，會讓家裡長期的麻煩，或是花錢。

(7)遷移忌入田宅：在外面的待人處世EQ，會是外面發生的事，會帶到家裡來，讓家裡的人不高興，不會處理家庭的問題。

(8)交友忌入田宅：交的朋友，很多都比較現實。我這個人喜歡讓朋友來我家吃吃喝喝。

(9)事業忌入田宅：工作會做的很久，工作讓家裡覺得不高興，沖子女，可能影響生小孩。

(10)田宅自化忌：我的家庭、房子的觀念，都是隨緣就好。

(11)福德忌入田宅：宗教信仰，什麼偏好，帶到家裡，讓家裡的人都覺得我瘋了。

(12)父母忌入田宅：父母比較顧家、或是自己讀書可能要讀的很長久，讀到家裡都沒錢了。

(二)田宅宮化忌入其他宮位的象義：田宅是門風、是陽宅風水。

(1)田宅忌入命：我的家庭、財產讓我覺得心裡不高興。忌入命，沖遷移，有什麼想法不會對外說。

(2)田宅忌入兄弟：我的家庭、家族關心我的成就，叫我創業。沖交友，要挑選朋友。

(3)田宅忌入夫妻：我的家庭很在意我的感情。沖官祿，叫我工作不要那麼忙、累。

(4)田宅忌入子女：我的家庭關心我的小孩，或是愛寵物。

(5)田宅忌入財帛：我的家庭，叫我要認真賺錢，仔細把錢算好。

(6)田宅忌入疾厄：我的家庭，讓我的身體很忙，或是風水上影響我的健康。

（7）田宅忌入遷移：我的家庭門風，讓我在外面低調一點。或是家裡有問題，就在外面抬不起頭來。

（8）田宅忌入交友：我的家庭，很注重人際關係、同事狀況、為人多付出。

（9）田宅忌入官祿：我的家庭，很關心我的工作狀況、職業等。

（10）田宅自化忌：我的家庭、房子的觀念，都是隨緣就好。

（11）田宅忌入福德：我的家庭，讓我很煩惱。沖財帛，因為家庭關係，就要多花錢、也可能住的要享受。

（12）田宅忌入父母：我的家庭，很關心我的讀書，或是這個家庭重視忠孝節義的。

第十二課

宮位的解釋：官祿宮

官祿宮：工作的看法、工作的種類、跟工作相關的人事物同事、下屬、長輩、升官、降職。

官祿宮：官、祿：官位＋俸祿。因為清朝之前工作一半以上都是吃皇糧的，所以公務員眾多。所以叫官、祿。二十世紀之後，吃國家飯的人少了，現代就改成事業宮。不過官祿跟事業還是有點含意不一樣的。這個要先知道。不管官祿宮或是事業宮，指的都是自己的工作、工作的方向、內容情況。

一、立太極的宮位轉換：宮位的延伸含意。

這個學起來，有很多宮位上的含意需要了解。

（一）以不同的宮位為太極點看官祿宮。

1、官祿宮是父母宮的田宅宮：講書房、圖書館。

2、官祿宮是命宮的官祿宮。

3、官祿宮是兄弟宮的交友宮。創業的競爭位。

4、官祿宮是夫妻宮的遷移宮：另一半在外面的待人處世狀況、EQ。

5、官祿宮是子女宮的疾厄宮：小孩的健康狀況。

6、官祿宮是財帛宮的財帛宮。

7、官祿宮是疾厄宮的子女宮。

8、官祿宮是遷移宮的夫妻宮。

9、官祿宮是交友宮的兄弟宮：朋友的成就位。

10、官祿宮是官祿宮的命宮。

11、官祿宮是田宅宮的父母宮。

12、官祿宮是福德宮的福德宮。

（二）以官祿宮太極點的轉換。

1、命宮是官祿宮的財帛宮。

2、兄弟宮是官祿宮的疾厄宮：創業的成就。開連鎖店。

3、夫妻宮是官祿宮的遷移宮：是工作的表現位。

4、子女宮是官祿宮的交友宮。

5、財帛宮是官祿宮的官祿宮。

6、疾厄宮是官祿宮的田宅宮：是辦公室、工作環境、工廠。

7、遷移宮是官祿宮的福德宮：工作上作的高不高興，就要看EQ、待人處世的態度。

8、交友宮是官祿宮的父母宮。

9、官祿宮是官祿宮的命宮。

10、田宅宮是官祿宮的兄弟宮。

11、福德宮是官祿宮的夫妻宮。

12、父母宮是官祿宮的子女宮。

二、宮位的含意：分狹義、廣義，跟上面說的延伸含意。

1、狹義的官祿宮，代表的「官（官位）、祿（俸祿）」。這個是最原始的含意。

2、廣義的官祿宮：工作的看法、工作的種類、同事、下屬、長輩、升官、降職。

3、宮宮都是工作：

(1)官祿是領薪水的工作。

(2)兄弟宮是創業的工作。

(3)父母是「公家機關、大公司、學術單位」的工作。

(4)子女是合夥的工作。很多宮位都是「工作」。

4、疾厄宮是「官祿的田宅宮」，引申為「工作場所」、辦公室、工廠。官祿宮是「父母的田宅宮」引申為書房、讀書室、圖書館……等。

5、官祿四化入「交友、父母、子女」，工作跟人有關，父母是長輩、交友是平輩、子女是晚輩。比如說、官祿祿權科入交友，工作都會比較多人一起工作。官祿忌入交友，工作都會比較獨立，需自己做。

如果官祿四化入子女，可能工作跟小孩有關的，那子女四化入官祿，也可能小孩的事變工作的。

學生甲：同理：夫妻四化入官祿：伴侶的事變工作？

周星飛：是，對象跟你「一起工作」，或是作像婚姻介紹所，婚仲的，因為「感情而變工作」。官祿四化入子女，也可能工作會「世襲」，比如說你的工作也會交給你小孩的。

學生乙：子女也表示教育嗎？

周星飛：是，子女是比我弱小的。

學生丙：那父母四化入官祿：繼承父母工作？

周星飛：是，「長輩給我工作」，或是「讀書帶來工作」，「國家、考式、學術帶來工作」。讀書能帶來工作、或是頭腦裡所學的，變成工作。

兄弟四化入子女，你的創業成就也可能交給下一代的，兄弟是創業型的工作，官祿只說工作，並沒說是上班或是創業的，有一點點的差別。

學生甲：那老師，官祿化祿入疾厄怎麼解釋？

周星飛：剛才說的疾厄是辦公室，官祿祿入疾厄，辦公室舒服，那疾厄也是旅行出差驛馬，所以到外地出差也必然到處玩，邊玩邊出差，出差像出去玩一樣。

遷移祿入官祿：在外發展、人際關係帶來工作。遷移是待人處世EQ的宮位，EQ高，工作的機會就多，處理工作的能力就愈強。比如說「官祿祿權科入交友」，這個工作上的「同事」就比較多一點，祿是適中、權是超多、科是「三個人」、忌是「沒人、獨立作業，或是工作上常常跟人衝突」。

一樣的道理，福德、遷移、夫妻，是「果報」，官祿祿入福德、遷移、夫妻，有點「工作能累積福報的」，那福德、遷移、夫妻「祿入官祿」，這個果報帶來工作，二者有點類似都是「工作不錯之象」，但是象義有些不一樣。

比如說官祿祿入福德，這個工作讓我「靈魂」快樂，很高興，福德祿入官祿，我的靈魂投入了工作，也很高興，我想的事，就放在工作裡。

6、換工作、失業的情況：

忌入夫妻，沖官祿；官祿忌出，工作變動快。

忌入父母，沖疾厄，沖辦公室，工作場所，常常出差，不在坐位上。

忌入交友，沖兄弟，讓你一事無成，成就歸零。

官祿忌入交友，沖兄弟，這種就特別會換不一樣的行業的，每次換都不一樣，你跟他建議什麼工作，其實都沒啥用的，反正時間到了就會換，常常換工作的人，通常就不需要什麼建議了。

官祿忌入交友有下列的情況：

(1) 工作上喜歡跟「同好」一起工作。

(2) 如果沒有「同好」，就寧願自己獨立工作。

(3) 沖兄弟，容易工作「一事無成」換工作，常常不能累積經驗。

(4) 沖兄弟，也常常工作「累得要死」會氣虛。

可以以此類推，其他宮位忌入交友之類的解釋。

學生問：老師，只要有這樣的飛化，無論官祿宮怎樣都沒用麼？

周老師：差不多，因為不穩定，所以換什麼都差不多，這種就最好做接案式的工作，像保險、業務、拿獎金的。

官祿忌入疾厄沖父母就不太容易變動了。

官祿忌入交友或是交友有生年忌，沖兄弟：成就位，反正不穩定，隨便作就好。時間到了又是要換不同的工作了。

上面說的概念：忌入夫妻沖官祿，忌入交友，沖兄弟；忌入父母沖疾厄。這三種對工作都是不穩定，所以最好一技之長，不然容易失業在家，如果有錢當然可以當少奶奶；如果有做徵商、業務、保險、算命也是可以。

所以，看命盤都是先看穩不穩定，如果一看多忌入夫妻、交友、父母這三宮。工作方面就說隨便做就好，反正工作不穩定，畢竟不穩定，說啥都是白說的，你今天跟他說去金融業，時間到了又換了，說這個工作的事就沒意義了。

賺錢多少跟工作穩不穩定不一定有關係的，別人上班一年賺一百萬，你不上班賺一百萬，沒差別！自己過得好，有錢給父母，帶他們出去玩，自己養得好，何必在意工作上的事情呢。首先要多才多藝，再慢慢找到祿。真正的苦來自於不自由。

7、比如說會升官、升職，多半是官祿祿權科入兄弟、遷移父母、交友、子女，這幾個有升官之象。升官一定是一種人際關係的競爭力的比較，交友、子女、父母就是競爭力，官祿祿權科入交友、父母、子女，都是升官之象。

反正官祿忌入父母、交友、子女都是工作的競爭力變差，降職、沒工作之象，那兄弟是「成就」，遷移是外在的「風光」，官祿祿權科入兄弟、遷移，也容易作的有聲有色的，官祿忌入兄弟、遷移，也容易工作辛苦、灰頭土臉的。

8、比如說，官祿四化入財帛，「工作就是以薪水為主」，哪邊高就往哪邊跳，官祿四化入福德，工作就是以「興趣為主」，不管薪水高低，有興趣就做。

9、工作的種類。很多宮位可以看的，如果只看官祿未必看的準的，但是先看「官祿」怎麼看的。

(1)官祿裡的坐星，比如說官祿裡有武曲，那就容易跟金融金屬有關的工作，這個只是說容易，但是未必。如果官祿裡有武曲，然後武曲有生年祿權科忌，那可能金融、金屬的工作的機會就變大了。

學生甲：紫破呢？

周星飛：紫微是貴族的工作，或是比較高尚的工作，破軍是大批發，剛才說的，看工作很多宮位都可以看，官祿只是其中一種。

(2)官祿宮宮干四化也是，比如說官祿巳武曲祿入○○，當然也會跟金融、金屬有緣的。所以官祿宮裡的坐星跟宮干四化都可以看的。

(3)廉貞貪狼都屬才華、才藝、藝術，有祿權比較新潮，有忌比較老套。比如說像古董的事，就可能跟貪狼忌、廉貞忌有關，那如果現在新潮的設計，就可能跟貪狼祿權、廉貞祿有關。

學生甲：天同權能代表什麼呀？

周星飛：天同是「協調星」，能協調能帶人，醫護、餐飲、水資源。

比如說天梁，保險、口才好、高格調的東西，像天梁、貪狼、廉貞、天同，如果在「保健行業來說，天梁是高科技生化產品，貪狼是「中草藥產品」，廉貞是「很貴的冬蟲夏草、天山雪蓮之類的，天同是長壽的產品，武曲是骨頭類的，比如說「維骨力」、或是「肺、牙齒」，太陽是「頭眼心藏」，可能就是什麼醫護類的分類。文昌文曲跟作家有關，太陽網路能源電信，太陰跟衣服旅行、旅社有關，巨門、天梁都是「動口的」，巨門祿權說話有條理，天梁祿權說話誇大，巨門忌罵人、沉罵，亂說話，或是奇怪的行業。那廉貞忌、巨門忌多半也有偏門的工作通常跟酒色財黃賭有關，所以巨門祿權多唱歌，天機是計算、企劃、律師、算命……等，廉貞祿是動態的藝術，唱歌跳舞，賣弄性感。貪狼祿是靜態的藝術琴棋書畫，文藝性的。

（4）廉貞是炫富，貪狼是修身養性。

比如有人跟你說我這個戒指是名牌的，保證是廉貞；如果看到有個人身上的戒指漂亮，但不知道牌子的，這個可能就是貪狼。怡情養性，培養藝術氣質。

所以一樣的工作，不一樣的星性，就有不一樣的特點。炫富才會賺的多，修身養性賺的少。官祿廉貞祿就容易賺錢快的，或是做炫富的工作，像賣珠寶的、或是薪水高的、炒股的。

不同的四化也是會有差別的，比如說廉貞祿的珠寶一定要閃亮亮的；所以可能耀眼、閃瞎別人的眼；廉貞忌的珠寶，就未必那麼亮了，暗淡而沉穩，像老件一樣、舊東西、半古董。一樣的星，不同的四化也會有差別的，比如說武曲是軍警，武曲祿、科都可能是文職軍警；武曲權、忌就可能是衝鋒型的軍警。

（5）一個星多種解釋，一個行業也可能多種星代表：

如果以餐飲來說，天同祿權是「大餐廳」，巨門祿權像「小吃部」路邊攤。天府（屬祿）有人說像農家樂。

武曲、七殺，都是軍警類的。

武曲是金融業、天機是計算。二個都可能跟銀行有關。算錢。

文昌是正史，文曲是小說，文昌文曲都可能類似的。

一個星可以說很多種工作，一種工作也可能有幾個星的解釋。

（6）交友、父母、子女，也可以看工作：

那還有一個特別的是，父母宮有祿權科的，容易在公家機關、大公司、學術單位工作，子女宮有祿的就容易跟小孩子有關的工作的、嬰幼兒用品，小朋友教育，補習班。

學生甲：有忌的呢？不容易在這些地方工作？

周星飛：只要單一宮位有生年四化就可以，有忌也一樣會工作，但是做的就「累」，比如說父母宮有生年忌的，也可能在公家機關上班，但是也很累，不得長官喜歡。

（7）星性，屬金木水火土的五行，也可以看行業：

比如說星性屬木的，比如說貪狼天機屬木，當然跟「木、木頭、紙」類工作的也容易有關的。像破軍、天同、文曲、太陰屬水，也容易跟「水」有關的，巨門也是水，只是說「有祿權科」的水比較乾淨，有忌的水比較髒。破軍有說垃圾場、大海水、批發商、工地也對，有方向的可以猜的，但是未必猜的準的。

學生乙：我官祿有破軍，經常帶客戶去施工現場看房，而且田宅癸破軍祿入官祿，官祿忌入田宅。

周星飛：田宅有祿，就容易跟田宅有關的工作。官祿四化入田宅、田宅四化入官祿，工作跟「田宅相關」也很正常的，田宅四化入財帛，或是財帛四化入田宅，都容易作跟田宅相關的現金的生意。

學生丙：是看哪些宮位四化入官祿，或許跟所做工作種類也有關係的意思？

周星飛：對。田宅四化入官祿，田宅帶來工作。子女四化入官祿，子女的事、寵物帶來工作。

學生丙：但是官祿忌入田宅，這跟房子有關的工作讓我有壓力，有時不想做。

周星飛：對。比如說子女四化入官祿，「小孩的事變成工作」，官祿四化入子女，我的工作帶給小孩「祿權科忌」，都有類似的解釋，這個有時候未必要星性才可以解釋，像父母祿入官祿，國家給你工作，就是「公務員」，子女祿入官祿「小孩給你工作」。

學生甲：官祿巨門祿入子女，我的工作帶給小孩快樂？

周星飛：你的工作動口給下屬聽，或將來你有小孩的話，你也把工作上的事教、交給小孩。工作世襲。

學生甲：是化忌，那就不能世襲了，是嗎？

周星飛：有忌就會「不高興的」，你教你的小孩他會「有忌的」，強迫小孩接受。忌會一直教，忌也是「執著」。官祿忌入子女，沖田宅，工作是「離家的」。

學生甲：會不會解釋成工作影響家庭啊？

周星飛：可以，沖田宅就少了「家庭的緣」，離家，也是家庭緣少。

官祿忌入福德，工作常常讓我煩惱，睡不著。沖財帛，一生氣「連薪水都不要了」。

三、官祿宮＋星性：看工作的種類。

(1)官祿＋貪狼：專業的工作、算命、瑜伽、五術的工作。

(2)官祿＋天機：算數、企劃、會計、統計、設計。（所謂的官祿＋天機：比如說官祿宮有天機四化，或是官祿宮的飛化，串聯天機。比如官祿乙天機祿入夫妻，或是官祿庚太陽祿入夫妻，轉戊天機忌入交友，這樣子的祿轉忌跟天機串聯）。

(3)官祿＋廉貞：歌舞、偏財、炫富、玉石、珠寶、吸毒、犯罪。

(4)官祿＋太陽：能源、網路、政治、電話行銷。

（5）官祿＋太陰：石油、化學、衣服、衣飾、床飾、房子、家具、旅行、旅店。因為太陰忌是屍體，石油正是恐龍的屍體而成；太陰田宅主，也跟房子類的東西相關。

（6）官祿＋天同：美食、攤販、醫務、卜卦、羅盤、風水、服務業、賣水的也是天同。

（7）官祿＋巨門：律師、算命、小吃、賭、辯護、有犯罪或是口舌之類。

（8）官祿＋武曲：金融、練武、正骨、鋼筋、金屬類的都對；武曲是金是骨還有牙醫也算，牙齒也是武曲。

（9）官祿＋天梁：宗教、高級房地產、豪宅、動口說話做生意、保險業務、高級藝品、生化科技、高等中藥材作的生物化學科技、生技業。

（10）官祿＋破軍：大型批發買賣，水產業、倒垃圾、環保行業、建築業。不過巨門忌也可能是垃圾，有毒的廢棄物，廉貞忌也是類似的。

（11）官祿＋紫微：可能也是高級藝術品之類的，因為紫微是貴族星。

（12）官祿＋左輔＋右弼：秘書、輔佐的人材、幫手。

（13）官祿＋文昌＋文曲：文字工作、藝術、小說、文房四寶。

（14）官祿＋七殺：大型鐵工廠、鋼鐵工廠、護衛、軍警、跟武曲很像。

（15）官祿＋天府：農特產品、農業、食庫。

（16）官祿＋天相：可能是副手。有說手相、面相等也是天相。

以上就是跟星性有關係的。如果官祿沒有主星，就看官祿宮宮干四化。

（17）比如算命來說，可能是貪狼，也可能是天機也可能是天梁，算命的也可能是巨門，也可能是廉貞，天梁就是言過其實，很會講話的，最好串聯父母、遷移宮，保證話都可以亂講。

就像醫生也是，有人是天梁有人是貪狼有人是天同，緣分都不一樣的。

比如說唱歌的歌手，有人可能是貪狼有人是廉貞有人是巨門。貪狼是才華高、比較靜態的；廉貞比較像唱跳要露大腿、胸部的；巨門就是很會唱了。廉貞屬媚，魅力無邊。

所以，同樣的職業未必是同樣的飛化，同樣的飛化未必就是同樣的職業，都只是推論的。

四、官祿宮＋四化：

（1）官祿宮有祿：工作順利、工作順手，工作上圓融。另一半的遷移有祿，待人處世好、EQ高。。

（2）官祿宮有權：工作上積極、霸氣、主導能力強。另一半的遷移有權，待人處世霸氣有魄力。

（3）官祿宮有科：工作上客氣、有禮貌。工作上按排計畫順利進行。另一半的遷移有科，待人處世很客氣。

（4）官祿宮有忌：工作有責任感、嚴肅。另一半的遷移有忌，待人處世比較直，或是沒有另一半。容易分手、感情冷淡。

五、其他宮四化入官祿宮、官祿宮四化入其他宮的象義：（以忌為例）

（一）其他宮位化忌入官祿宮，大原則是：化忌入官祿宮，都有影響工作，沖夫妻，影響感情。

（1）命忌入官祿：我這個人，個性上比較認真工作，對感情就淡一點。

（2）兄弟忌入官祿：創業辛苦，為了成功，認真工作。

（3）夫妻忌入官祿：工作的表現單純，就認真工作。或是對象要跟我一起工作。或是對象跟我分手（夫妻忌出）。

（4）子女忌入官祿：小孩會變成我的工作。合夥會變成我的工作。

（5）財帛忌入官祿：把錢投入在工作上。

（6）疾厄忌入官祿：我的肉體努力工作，比較像是體力活，會變瘦。或是工作環境差，讓我工作辛苦。

（7）遷移忌入官祿：在外面的待人處世EQ，會是外面發生的事，會帶到工作來，讓我的工作不順利。

（8）交友忌入官祿：交的朋友，很多都工作認真，工作上犯小人。

（9）官祿自化忌：工作沒有堅持到底，工作隨緣。工作做做停停，做什麼工作都無所謂，不計較。

（10）田宅入忌官祿：我的家庭叫我要認真工作。

（11）福德忌入官祿：宗教信仰，什麼偏好，帶到工作上。加班都無所謂。

（12）父母忌入官祿：父母、公司、長官叫我要認真工作，盯著緊。

六、官祿宮化忌入其他宮位的象義：工作會有什麼情況。

（1）官祿忌入命：工作忌入命，工作壓力重，工作的好壞放心裡，不對外說。

（2）官祿忌入兄弟：工作想要成功；沖交友，就會選擇同事分三六九等，你有能力我就結交你這個朋友，沒能力就不往來。

（3）官祿忌入夫妻：工作忌出換工作很快，工作要簡單就好，不要太難，做的工作，不要太累，做做停停就好；也可能同事變對象。

（4）官祿忌入子女：工作想合夥，沖田宅，工作到外地去，離家。

（5）官祿忌入財帛：工作就是要錢，薪水多少一定要談清楚，不可以少一分錢；沖福德，工作就是賺錢，沒錢就不要談信仰、享受。

（6）官祿忌入疾厄：工作就是忙身體，身體忙，勞動勞累、體力活的工作，沖父母，就不會跟老闆溝通，也不想溝通；或是不跟父母溝通、連絡。

（7）官祿忌入遷移：工作要遷移出外，或是工作讓你不好意思說，你在什麼單位，或是工作的內容不是這個社會所認同的。沖命宮，就會讓你迷失自我。或是工作就是直來直往簡單明白。有時候只是不想說。或是工作你覺得很丟臉。比如說我在某個公司上班工作，你說了，人家就說手機爆炸的那個嗎？就有點丟臉。會讓你遷移有忌灰頭土臉，講話不夠大聲，當宅男女。

（8）官祿忌入交友：工作上喜歡獨立，或是少數人合作，跟我喜歡的人一起工作，覺得這個工作我自己做就好了，別人都容易是絆腳石，溝通麻煩。或是這個工作本身就是獨立作業的，自己做而已；沖兄弟，這個就是工作做完，就似乎沒有成就可言。或是每次換工作就會換不同的行業、重新歸零、重頭再來、重當新人。

（9）官祿自化忌：工作沒有堅持到底，工作隨緣。工作做做停停，做什麼工作都無所謂，不計較。

（10）官祿忌入田宅：工作長時間，容易一個工作做一輩子，但是也容易工作會讓家人產生不高興。沖子女，工作就會跟小孩、六親少來往。比如說長時間加班，出門的時候小孩去上課了；回家的時候小孩睡了，都沒辦法跟小孩講話聊天了；沖子女就容易沒下屬，對下屬不好，冷淡。還會因為工作，就拿掉小孩，或是因為工作小孩就流掉了、不容易懷孕等等。

（11）官祿忌入福德：工作上是挑剔的，工作一定要我喜歡、偏好的，工作讓我睡得晚、失眠。

（12）官祿忌入父母，工作讓我的父母、長輩不高興，工作上也是要低調的，不想說的、保密的；或是工作也常常要板著臉孔的、不笑的；或是工作不想、不要上臺的；沖疾厄（官祿的田宅、辦公室）就會常常換辦公室、出差之象，坐不安穩。

第十三課

宮位的解釋：交友宮

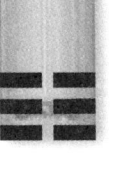

交友宮，古時候的命盤稱「奴僕宮」，至於為何稱奴僕，我也不知道，現在的人稱「交友宮」，但是好像二個名稱意義差很多的，不去討論這個名詞上的事，就實務上來說。

一、立太極的宮位轉換：宮位的延伸含意。

這個學起來，有很多宮位上的含意需要了解。

（一）以不同的宮位為太極點看交友宮：

1、交友宮是父母宮的官祿宮：看父母的工作。

2、交友宮是命宮的交友宮。

3、交友宮是兄弟宮的遷移宮：我的媽媽、兄弟姊妹的遷移宮，待人處世、EQ。

4、交友宮是夫妻宮的疾厄宮：另一半的疾厄宮。

5、交友宮是子女宮的財帛宮：合夥的錢。或是小孩的賺錢。

6、交友宮是財帛宮的子女宮。

7、交友宮是疾厄宮的夫妻宮。

8、交友宮是遷移宮的兄弟宮。

9、交友宮是交友宮的命宮。

10、交友宮是官祿宮的父母宮。

11、交友宮是田宅宮的福德宮。

12、交友宮是福德宮的田宅宮：在家裡是指說是神明廳、放神明、祖先牌位的地方的意義。

（二）以交友宮太極點的轉換：

1、命宮是交友宮的疾厄宮：朋友的疾厄宮。

2、兄弟宮是交友宮的遷移宮：朋友的待人處世EQ。

3、夫妻宮是交友宮的交友宮：朋友的交朋友狀況。

4、子女宮是交友宮的官祿宮：朋友的工作。

5、財帛宮是交友宮的田宅宮：朋友的家庭、經濟情況。

6、疾厄宮是交友宮的福德宮：朋友的精神狀況。

7、遷移宮是交友宮的父母宮：朋友的讀書狀況。

8、交友宮是交友宮的命宮：朋友的命宮。

9、官祿宮是交友宮的兄弟宮：朋友的創業、體質、中氣。

10、田宅宮是交友宮的夫妻宮：朋友的感情。

11、福德宮是交友宮的子女宮：朋友的小孩。

12、父母宮是交友宮的財帛宮：朋友的金錢狀況。

二、宮位的含意：

分狹義，廣義，跟上面說的延伸含意。

1、狹義的交友宮：代表的朋友。這個是最原始的含意

2、廣義的交友宮：人際關係，對平輩、同事、顧客等。年紀類似的。

3、延伸的解釋：

（1）**交友宮的含意**：指人際關係中的同輩的關係。

對上：父母宮，比我年長的、教我養我保護我的……等。

對中：交友宮：對平輩、同學、同事。

對下：子女宮：對小輩、下屬、學弟妹、寵物、比我弱小的。

（2）**交友宮的含意，還有顧客之意，八方來客之意。**

比如說：交友祿入田宅，交友祿入兄弟、交友祿入財帛，都是交友「有益於我的錢財的宮位」，也是一種作生意之象。或是顧客讓我賺錢。如果作的工作是有獎金的，就會拿的薪水＋獎金比較高。

（3）**還有一些不一定明顯的**，比如說「鄰居」也可能是交友宮所管的。這個看當下命盤的組合的，因為鄰居也是人際關係的一種，差不多父母、交友、子女、都是以人為主體的宮位，所以看人的事，當然從這三個宮位參考。就像工作，一定先想到「命、財、官」這三個宮位去想是一樣的。

（4）交友也是同事：

官祿忌入交友。這種就是工作上少同事，工作比較獨立之象，工作都自己來。交友也是一種「人氣之象」。

官祿忌入交友，工作上少人氣，自己獨立工作。

再例如：田宅忌入交友，住在鄉下人少的地方，住鬧區的安靜的巷弄胡同裡。旁邊少人氣或是安靜。

（5）交友也是一種跟是非、合不合協於人際關係上：

比如說：官祿忌入交友，容易工作上得罪人，工作上不喜歡去協調，看不順眼，那我就最好工作上我自己安安靜靜就好了。官祿祿入交友，容易喜歡跟大家一起工作的。所以，自然工作上就有很多的同事。工作上的協調性，就比較好。

（6）交友是一種競爭位，很多事都有競爭的意義：

a、讀書，有名次，就有競爭。

b、公司賺錢，發薪水高低就有競爭、升官、加薪也是一樣有競爭。

c、比賽拿名次，一樣有競爭。

d、感情上一樣有競爭。

e、打官司，也是一樣有競爭。

比如說，父母忌入交友，讀書沒競爭或是長輩沒競爭力。所以，讀書常常不是排名前面的，或是自己的父母，可能不是第一號人物。官祿忌入交友，那工作上要跟人競爭，也是吃虧多的，常常升官輪不到。也可以說：沒有貴人。

田宅忌入交友，像這種如果一搬家，肯定什麼東西都會「丟了」，沖兄弟，就會「虧錢」，田宅都「歸零重頭再來」。

兄弟忌入交友，包含創業也一樣，想創業很快就倒了，或是創業的項目「沒有競爭力」。

學生甲：如果疾厄忌入交友，工作和身體沒有競爭力？

周星飛：辦公室競爭力差，比如說工作環境差，工作效率就差。疾厄忌入交友，這個肉體有「輸人家的時候」，比如說長的醜、短、胖……等。

(7)交友，如果論感情，也是競爭位的概念，不想爭或是爭不過別人。比如說，夫妻忌入交友，通常感情上的競爭不如人，不想爭 或是爭不過別人。如果，交友忌入夫妻，容易朋友、同事、同學之類的變成對象，或是介入你的感情，比如說，朋友的一句話，你們夫妻、男友朋友就吵架了。

(8)交友，也是夫妻的疾厄宮，另一半的身體：所以，借盤看老公的身體好不好，就是看交友宮。

交友宮有忌的，等於另一半的疾厄有忌，如果不勞動、運動，就容易生病。

兄弟是床位，交友是外面的床位，所以交友宮也很容易跟上旅館之類的有關。或是睡不睡在一起 也是兄弟交友所管。比如說 ，夫妻忌入兄弟沖交友，夫妻忌入交友沖兄弟，容易睡不在一起、分床、分房、分居。

學生甲：夫妻長年不睡在一起，怎麼看呀？

周星飛：夫妻忌入兄弟，或是忌入交友沖兄弟，因為兄弟是床位。所以床位有忌，當然就床事、房事不合協。交友宮有忌，因為沖兄弟宮，所以也會跟「睡覺」有關的。

象義很多的，要慢慢去學習的，並不一定一下子就能全部學的。

學生乙：夫妻和兄弟交忌也是分床？

周星飛：是。

學生乙：交友是外遇宮？

周星飛：十二宮都可能是外遇宮的，以交友單論太死板了。

學生丙：是不是要桃花星才能說桃花？

周星飛：桃花在：

a、星：廉貞貪狼。

b、宮：夫妻宮、子女、交友、父母、遷移之類的。十二宮也都可以論的。

(9)生年忌在田宅，對交友來說是夫妻宮有生年忌。所以就直接找「生年忌入夫妻」的象義來論朋友的感情情況。

學生甲：以自己的命盤看朋友，那豈非所有朋友都是一樣的命運？

周星飛：不對。比如說，夫妻宮有忌的未必一定要解感情的事，也可能是沖官祿，

a、重感情；

b、欠感情債；

c、沖官祿：工作做做停停、不工作……等。

要互動一下才知道的，人家不說就沒有方向，不說的話，就只能就學理上去說，不用擔心同樣飛化要有同樣的事情發生這種事的。

(10)跟人吵架，口舌是非：

交友、父母、子女叫「交友三方」，講的是「跟人有關係的事物」。父母指的是「晚輩」、交友講的是「平輩」、子女講的是「小輩」，粗略的大分是這樣子的。

紫微斗數命盤－飛星派

忌　祿

廉貞 貪狼 忌 癸巳 36-45 子女宮	巨門(祿) 文昌(忌) 科 甲午 26-35 夫妻宮	天相 乙未 16-25 兄弟宮	天同 天梁 文曲(科) 丙申 6-15 命宮
太陰 壬辰 46-55 財帛宮	辛亥年 男命		武曲 七殺 丁酉 父母宮
天府 辛卯 疾厄宮			太陽(權) 戊戌 福德宮
左輔 庚寅 遷移宮	紫微 破軍 辛丑 交友宮	天機 右弼 權 庚子 官祿宮	己亥 田宅宮

但是有時候也不太好分的。

a、比如說：我跟「學生吵架」：「父母丁巨門忌入夫妻，子女癸巨門權入夫妻，交權忌」。一權一忌，一熱一冰。

b、比如說，跟不認識的，或是跟同行的筆戰：「父母丁巨門忌入夫妻，交友辛文昌忌入夫妻，交忌」，交友，就可能泛指一切的「人際關係」。

所以這些飛化都可解釋的，需要練習的。

(11)還有一個叫「一氣生死訣的」，就是「疾厄忌入交友，沖兄弟」，或是「兄弟忌入交友，沖兄弟」，兄弟宮是「中氣位」，一口氣吸不上來就死了。疾厄是「肉體」，兄弟宮就是「中氣」，沖兄弟，就是重頭歸零，一口氣，或是肉體重頭歸零。

a、沒死就活過來了，重新計算活期。

b、死了就死了。吸不上氣，就死了。

有人研究一氣生死訣，以外面的理論，保證會踢鐵板。斗數為什麼不準，不準的原因在於道理、命理的不通，對宮位的認識太差了。比如說一氣生死訣，它講的是生死嘛。生死當然要串聯疾厄宮。比如說疾厄宮忌入交友宮，沖兄弟宮，兄弟宮是身體的中氣宮位。這個人常常容易中氣不足，或是疾厄宮忌入兄弟宮，也會常常中氣不足，一口氣吸不上來就是中氣不足。

你去看任何一張命盤，兄弟宮有祿權的人，加入認識這個人，現實中看上去這個人絕不會是瘦瘦乾乾的、氣虛。一定是虎背熊腰，在相學上來說，這種人屬於能力強、戰鬥力強，有領導統馭的能力。兄弟宮有祿權的人，容易出人頭地。那麼，兄弟宮有忌的就會容易中氣不足、何為一氣生死訣，講的就是道裡：人就是那一口氣，吸不上來就死掉了。

再比如，疾厄宮忌入交友宮或是兄弟宮，這種人就容易開刀，一開刀的話就容易傷元氣。中氣又叫元神，這種人很容易傷到中氣與元神，只要一生病，那一口氣就會越來越弱。

疾厄是身體，兄弟是中氣！任何的事情都一定往原來宮位的象義去理解，如果不理解的話，任何的東西都會變成死板的東西！那就有時候準，有時候不準。不準的時候，你就會覺得紫微斗數不過而而，不過如此。

忌沖與忌入的區別，比如忌入兄弟宮，每生一次病就扣一次分，中氣嘛，每生一次病就變成九十九分、九十八、九十七……，它是慢慢地消耗，也可以從中醫的角度來看，那叫做病灶卡入中氣，埋下所謂的病根。

忌入兄弟是收藏嘛，那就是埋入病根，每次生病就埋入了一個病根。

可是忌入交友沖兄弟的話，他一生病，就會傷到元氣，會一下子變成六十分，感覺快要死掉的樣子，然後過了忌沖之後，他會慢慢好到九十九分。

忌沖會大幅度的波動，忌入就像溫水煮青蛙，慢慢的……

疾厄跟交友在兄弟交忌，一樣會一口氣上不來。交友是什麼位，是競爭位，肉體和競爭位不和，交忌在兄弟宮，先天不足。這個就要多勞動、多運動、健身。

（12）父母是IQ跟交友「交忌」，遷移EQ跟交友交忌也類似。

a、對人沒心機。

b、特立獨行。

c、其實對朋友的事記不起來，或是不想去記朋友的事，或是朋友的事不說我也懶的問。

d、容易有無心之過，得罪朋友。

（13）交友忌入田宅：交友來你家「吃吃喝喝」損財，交友看上你家的財產了，交友來你家搬弄是非了。

沖子女，就會影響小孩、合夥、六親的關係。

對命主來說，也是喜歡讓朋友來家裡吃吃喝喝的，如果，這個朋友對他有利的話。交朋友是「現實的」。

但是，利不利是主觀認定的，未必是客觀的事實。所以也許別人說：這個人不好。但是你覺得可能有幫助，當然就請他吃吃喝喝了。這個飛化有點像戰國養士四公子。喜歡讓朋友在家裡吃吃喝喝的。

三、交友宮＋星性：

1、交友＋貪狼：喜歡跟專業能力修行，山醫命卜相的人在一起。交友宮干戊、已或是癸，或是交友裡有貪狼，這個就叫交友＋貪狼。或是交友祿轉忌、忌轉忌也跟貪狼有關，也是可以。

2、交友＋天機：喜歡結交，算數、企劃、動頭腦、統計的朋友。

3、交友＋太陽：喜歡打電話、網路，玩政治、組織的朋友。

4、交友＋廉貞：化祿喜歡唱歌跳舞藝術、化忌吃喝嫖賭的朋友。

5、交友＋太陰：化祿權科也可能喜歡愛美的、美容的，女性化的朋友。化忌，可能過於潔癖了。

6、交友＋巨門：化祿權可能喜歡愛聊天的、說命理、教學的，化忌裝啞吧的、愛罵人的，或是口舌是非多的，如果談命盤，就會走偏走歪了。巨門也是吃，有祿是愛吃，有忌就會亂吃。

7、交友＋武曲：化祿權可能喜歡練武、舉重、軍警之類的。

8、交友＋破軍：可能喜歡作生意的朋友。

9、交友＋天梁：喜歡有品味的朋友，愛誇大說話，跟朋友扯淡。

10、交友＋紫微：喜歡有貴氣的朋友。

11、交友＋天同：化祿權喜醫學、卜卦、喜歡洗溫泉之類、愛吃美食。化忌，不和善的朋友不合群。

12、交友＋文昌＋文曲：化科喜歡小說、文史、寫文章的朋友。化忌，容易囉嗦。吱吱喳喳的。

13、交友＋左輔＋右弼：化科協助別人的朋友。喜歡結交輔助型的朋友，不愛出風頭的。

14、交友＋七殺：可能喜歡兇狠的、霸氣的朋友。

15、交友＋天府：喜歡能照顧人的，或是具有生產力的朋友。

16、交友＋天相：喜歡管理人或是安排人到合適地方的朋友。

學生甲：天同是水，所以是溫泉？

周星飛：天同權，可能是溫泉，因為天同是乾淨的水。

學生甲：三溫暖呢？

周星飛：都可能。天同祿（溫）、權（熱）、忌（冷）。這個未必能解釋的好，但是大方向應該沒錯的。

四、交友宮＋四化：

1、交友宮有祿：人際關係好、圓融，朋友同事相處好。

2、交友宮有權：人際關係非常努力經營，朋友同事都比較有自信。

3、交友宮有科：人際關係客氣、有禮貌。待人處世很客氣。

4、交友宮有忌：人際關係非常重情義，人生常常變化。

五、其他宮四化入交友宮、交友宮四化入其他宮的象義：（以忌為例）

（一）其他宮位化忌入交友宮，大原則是：比如說忌入交友，沒有競爭力。退讓的心態。會沖兄弟，影響人的成就，中氣、財庫。

1、命忌入交友：命宮忌入交友宮，這個就是重義氣。可以沖了兄弟，重義氣的結果是什麼：別人請客，你搶著付錢。也是一氣花錢訣。然後忌入交友宮，沖兄弟宮，常常人生重頭再來。

2、兄弟忌入交友：創業沒競爭力。很快就失敗。轉讓店面。

3、夫妻忌入交友：感情上，不想爭、或是爭不過。分房分床睡。

4、子女忌入交友：子女的問題上會讓朋友有問題、有意見，我不想爭子女。

5、財帛忌入交友：把錢花在朋友之上，花錢很大方。不議價。

6、疾厄忌入交友：我的肉體先天上比不過別人。可能常常吸不到一口氣。

7、遷移忌入交友：在外面的待人處世ＥＱ，會是外面發生的事，會帶到人際關係來，我也是個不善交際的人。

8、交友自化忌：交的朋友，隨緣就好。

9、事業忌入交友：工作很獨立。沒人一起做，或是不喜歡有人一起工作。換工作，就會換不同的行業，重頭再來。

10、田宅忌入交友：我的家庭、房子的觀念，喜歡住沒人的地方。喜歡安靜。

11、福德忌入交友：宗教信仰，什麼偏好，喜歡帶給朋友。

12、父母忌入交友：讀書，讀的學校不怎麼好，或是一畢業就還給老師了。

（二）交友宮化忌入其他宮位的象義：以交友的忌為說明，祿權科就此類推。

1、交友忌入命：朋友讓我心煩，啞吧吃黃蓮，沖遷移又不想對外說。

2、交友忌入父母：朋友不好溝通，讓我沒面子，打我小報告，或是吃官非，或是生病或是，讓我驛馬亂跑，辦公室坐不住，沖疾厄，生病。忌入父母，也會影響我的ＩＱ智慧。

3、交友忌入福德：朋友讓我的精神受影響，睡不著，晚睡、失眠，沖財帛，讓我多花錢，讓我變笨，思考變簡單了。

或是賺不了錢。

4、交友忌入田宅：交友來你家「吃吃喝喝」損財，交友看上你家的財產了，交友來你家搬弄是非了。沖子女，就會影響小孩、合夥、六親的關係。

5、交友忌入官祿：朋友干擾你的工作，影響你的工作。沖夫妻，也會讓你的感情，受阻礙 。官祿是夫妻的遷移宮，也可以說是感情的EQ表現位。讓官祿有忌，就等於你泡妞的功夫變差、變呆。比如說，要想弄一個驚喜給對方，結果變驚嚇。

6、交友自化忌：對友情是隨緣的態度，深不深交，都無所謂。

7、交友忌入遷移：朋友讓我遷移有忌，害我 灰頭土臉，或是讓我修身養性、當宅男女一點，沖命宮心裡非常不高興。遷移有忌，都容易宅男女、想法不多、思考簡單、或是讓你灰頭土臉、是非、官非。

周星飛：交友，是朋友這個人，也是我對交友的態度。交友忌入遷移，交友可能很單純，或是我也喜歡結交 比較單純的朋友。

學生甲：兄弟忌入遷移，兄弟比較呆憨，交友忌入遷移，也有這種意思嗎？

周星飛：是的。夫妻忌入遷移也是類似，另一半比較單純。

學生乙：原來六親忌入遷移就是EQ不好？

周星飛：沒有不好。忌入遷移還有簡單之象，不要那麼複雜，或是「一種叛逆之象、只要我喜歡沒有不可以的」。

8、交友忌入疾厄：朋友讓我身體忙、累，讓我受傷、生病。

沖父母，讓我無法跟長輩父母老師溝通，或是給我小鞋穿，陷害我。或是忘性變大的象義。

比如說，交友忌入疾厄，也可能被撞，撞車、跌跤，發生意外。但是，也可能路上一個坑，不知道誰挖的，你就掉進去了。

學生丙：交友和疾厄交忌也是這麼解釋麼，老師？

周星飛：對。

學生丁：交友忌入父母，是否忘記性大？

周星飛：都是。交友忌入疾厄，未必一定有看到人，讓你受傷的。因為，確實是有「人」的關係就受傷的。

疾厄也是辦公室，所以，交友忌入疾厄，是同事，直接殺到辦公室來了。要說你是非，就會在辦公室裡說的。

學生甲：我忌入疾厄還自化忌老被同行陷害。

學生乙：如果交友宮帶了生年忌，再忌入其他宮，算轉忌？效果一樣？還是加重了？

周星飛：加重。

9、交友忌入財帛：朋友影響我的金錢了，讓我吃虧多花錢，沖福德很不高興睡不著。

10、交友忌入子女：朋友影響我的小孩，我的合夥，我的親戚、沖田宅也會讓我多離家，多損大錢。

11、交友忌入夫妻：朋友影響我的感情，干擾我的感情，介入我的感情。沖官祿，讓我的工作、做做停停，或是沒工作失業。

12、交友忌入兄弟：朋友影響我的成就，或是來偷我的成就、金錢財庫，再沖交友，我容易吃暗虧，或是吃了虧還不能對人說。

第十四課

宮位的解釋：遷移宮

待人處世EQ、情商位、天降橫福、橫禍。

一、立太極的宮位轉換：宮位的延伸含意。

這個學起來，有很多宮位上的含意需要了解。

（一）以不同的宮位為太極點看遷移宮

1、遷移宮是父母宮的交友宮。
2、遷移宮是命宮的遷移宮。
3、遷移宮是兄弟宮的疾厄宮：成就的實體顯現在待人處世EQ之上。
4、遷移宮是夫妻宮的財帛宮：另一半的財帛宮。
5、遷移宮是子女宮的子女宮：子女是兒子、遷移是孫子。
6、遷移宮是財帛宮的夫妻宮。
7、遷移宮是疾厄宮的兄弟宮。
8、遷移宮是遷移宮的命宮。
9、遷移宮是交友宮的父母宮：朋友的父母、讀書狀況。
10、遷移宮是官祿宮的福德宮：工作的想法，在待人處世EQ上。
11、遷移宮是田宅宮的田宅宮。
12、遷移宮是福德宮的官祿宮。

（二）以遷移宮太極點的轉換。

1、命宮是遷移宮的遷移宮。

2、兄弟宮是遷移宮的交友宮。

3、夫妻宮是遷移宮的官祿宮。

4、子女宮是遷移宮的田宅宮。

5、財帛宮是遷移宮的福德宮。

6、疾厄宮是遷移宮的父母宮。

7、遷移宮是遷移宮的命宮。

8、交友宮是遷移宮的兄弟宮。

9、官祿宮是遷移宮的夫妻宮。

10、田宅宮是遷移宮的子女宮。

11、福德宮是遷移宮的財帛宮。

12、父母宮是遷移宮的疾厄宮：EQ跟IQ，互為表裡。

二、宮位的含意：分狹義、廣義，跟上面說的延伸含意。

1、狹義的遷移宮：字面上的含意：遷、跑去某一個地方；移、移動、移居。

這二個字大概都是「動來動去、跑來跑去的，在家的外面，所以這二個字也算是一種驛馬，到外地的。很多事都有跟外地有緣的代表的朋友。這個是最原始的含意。

2、廣義的交友宮：

EQ、交際位待人處世，怎麼在社會打滾，或是這個社會上，你是一個什麼樣的人。

3、延伸的解釋：

（1）**遷移宮**：很多事都有跟外地有緣的，緣分很廣。

a、比如說，夫妻跟遷移交祿，感情容易跟外地有緣。

b、官祿跟遷移交祿，工作容易跟外地有緣，像是貿易。

c、父母跟遷移交祿，讀書容易跟外地有緣，可能就會出外求學。

d、田宅跟遷移交祿，房子跟外地有緣，就容易到處置房地產。

總是遷、移，是比較在遠處的地方之象。

（2）EQ：叫「情商」待人處世、應變能力。跟IQ，父母宮叫「智商」，記憶力，是互相「表裡」。

我們的上一代，有些企業家很多都沒讀什麼書的，但是在社會上卻能發光發亮創辦企業的。為何？

通常就是父母宮不好，遷移宮很好，所以遷移有祿，EQ高、待人處世、應變能力強。所以，很容易社會上混出一片天的。

遷移有祿的，容易八面玲瓏。

遷移宮有權，容易威震四方、霸氣、魄力。

遷移宮有科，容易非常客氣、文質彬彬。

遷移宮有忌，個性上比較直率、或是無腦，不想太多的處理方法，直來直往。

所以，EQ能力強，在社會上就容易吃的開、混的好。所以老闆要人材，最好找遷移宮有祿權的保證是個好人材。

如果，要打打殺殺的業務衝鋒的，那就找遷移宮有忌、有權的，這種人最適合當馬前卒。

因為，有權，霸氣、有忌少思考，所以就往前沖。所以每個人都有優缺點的，要適材適用才是對的。

不過，作業務的，有時候也是要忌，就是什麼都不要「想」，衝就對了。

（3）遷移宮的含意：處理事情的能力。

福德三方：福德、遷移、夫妻都是一種果報之象。比如說，遷移跟田宅交祿，這個容易到處置產。當然，另一種含意就是對房子的EQ很高、判斷力強，所以，買賣也比較精準。

比如說，遷移跟官祿交祿，容易工作多樣，搞很多副業。因為，對於工作的EQ很高，應變力強。所以很容易找很多工作來做的。當然工作上的福報就多了，因為做什麼都很容易得心應手的。

所以，象義其實都是好幾種解釋，但是都是一種道理而已。

（4）天降橫福、橫禍，福報的顯現：

如果，疾厄忌入遷移，或是遷移忌入疾厄，或是疾厄跟跟遷移交忌，就要特別小心出門在外的健康、意外的問題。

一樣的道理、遷移忌入交友，或是交友忌入遷移，遷移交友交忌，都容易因為不注意，或是無心之過，被陷害，或是陷入是非裡面。

（5）自化是「虛」象：

比如說，遷移有自化權跟生年權入遷移的不一樣，都是令人感覺很霸氣。自化權是兇一下，沒人理，霸氣就消了。但是，遷移有生年權，就會找人到處打架一樣。

自化，就像沒餡的水餃。咬下去，什麼都沒有或是很少。

（6）會升官的飛化：祿權入遷移、祿權入父母、祿權入兄弟。

兄弟祿權入遷移，父母祿權入遷移，官祿祿權入遷移。

兄弟，成就，野心，創業，這些事，讓你遷移有祿權，走路有風。是升官、有成就之象。

學生甲：是否升官不用看官祿宮嗎？

周星飛：官祿也不一定是昇官的必要，前面就說過了，去公家機關、大公司就要看父母宮。父母宮有祿的人，容易考上公職，容易聰明，學歷好，進大公司，得長官喜歡。

所以，官祿也不一定是升官的必要宮位，更何況，有些人自己創業，還要升官幹嘛？自己就是老闆了。還求「官」？

因此，十二宮沒學通的人，就喜歡單一宮位說事。工作就只看官祿？錢就看財帛？這是不對的。

（7）遷移有忌，是反社會潮流而作。跟社會常規不一樣。或是非常宅男女低調。

a、比如說，夫妻忌入遷移，講的是說感情反社會潮流在走，比如說人家要門當戶對，夫妻忌入遷移的人，就不會這樣想，只要我喜歡，沒有不可以，跟社會作對。或是感情非常宅男女。低調的。

b、命宮忌入遷移，這個人的個性，就是容易跟著社會作對，社會說往東，他就要往西。或是不知所措。

學生甲：夫妻忌入遷移，能不能理解為婚姻的觀念跟世俗觀有衝突？

周星飛：對。忌入遷移都是反社會的人格的。

c、子女忌入遷移也可能類似的。未婚生子，生了小孩我自己帶，或是幫別人生小孩也可以，子女的問題跟別人都不一樣。

d、交友忌入遷移，這個交朋友的觀念，就跟別人不一樣，比如說正常的朋友都不交，都喜歡交「怪咖」

e、官祿忌入遷移，也是一樣的道理，正常的工作都不做，都要做不太正常的工作。

學生丁：疾厄忌入遷移，難道自己的肉體跟別人不一樣？

周星飛：是。或是喜歡「冒險」，疾厄忌入遷移。就像極限運動的人，一定有不怕死的，就容易忌入遷移、父母」之類的，不用想很多，衝就對了。

f、田宅忌入遷移也一樣，喜歡住在跟別人不一樣的地方，或是住的地方跟別人不一樣。

g、福德忌入遷移，這個想法跟別人不一樣，想法上也是怪咖一個。

h、遷移自化忌，不理他人瓦上霜，自求多福就可以了。

i、父母忌入遷移，讀書讀的很怪咖，或是畢業的學校「不怎麼樣」，講到你的學校可能沒聽過，或是一聽就知道很後面的學校，讀書上也是「怪咖一個」。當然父母忌入遷移，學校、專業沒聽過，或是聽過覺得很爛都是。

父母忌入遷移，講的也是我的父母可能都是老實人，或是一個在社會上很奇怪的人。或是去上班的公司、長官也一樣，這個公司沒人聽過，這個公司聽起來就不怎麼樣的。

j、所以，有主動的選擇，或是被動的造成，都會有這樣子的「結果」：

比如說，夫妻忌入遷移：

①我主動的選擇，一個奇怪的對象。

②我也不知道對方是這樣子的人，交上了才知道，但是結果就是「這段感情很奇怪」。

k、夫妻祿入遷移，反之，感情的EQ很高，交的對象都很不錯，人人都說好，社會都給你讚，都說好，真有眼光挑到好對象。

(8)考試、競爭力強：

遷移祿入父母、交友，子女，這種人又會玩又會考式。人際關係也很好。比如說，有人遷移祿入交友，這種基本上考試運都很好的。EQ的能力，會增強競爭力的。父母祿入交友、子女、遷移，也有類似的情況的。

(9)有領導力：遷移權+交友的祿，遷移自化權+交友祿入遷移，領導力之象。

a、遷移甲破軍權+交友癸破軍祿，這個會破軍當王。領導非常多的人。

b、遷移丙天機權+交友乙天機祿，這個是企劃的領導、動腦的領導。

c、遷移丁天同權＋交友丙天同祿，這個是協調型的領導、和善的領導。

d、遷移戊太陰權＋交友丁太陰祿，這個是柔美的領導、有美感的領導。

e、遷移已貪狼權＋交友戊貪狼祿，這個是專業的領導。

f、遷移辛太陽權＋交友庚太陽祿，這個是光明正大、政治組織能力很強的領導。

g、類似遷移的權跟交友三方的祿：遷移的權＋父母的祿，遷移的權＋子女的祿。

父母宮是長輩，長輩可以提拔你。

交友宮是平輩，平輩可以拱你推見你上去。

子女宮是晚輩、合夥，晚輩可以支援你的職位上去，有晚輩也代表你是領導者。

學生甲：遷移的權，與交友的祿，有領導能力，也有升遷的象義，那遷移的祿，與交友的權呢？這兩者有什麼不同啊。

周星飛：遷移的權是果斷、魄力。遷移的祿是作人處世圓融、八面玲瓏。

交友的祿是大家對你好，交友的權是朋友積極強勢的拱你上去有點被逼的。黃袍加身是交友的權。

交友權是別人的臨門一腳，是別人逼你的。

還移的權＋與交友的祿是有領導能力，也有升遷的象義，這個是你把別人擺平了，你的權把交友的祿擺平了，所以升官。

還移的祿＋與交友的權，是你做人很圓融，交友把你往上推，也是升官。二者同工而異曲。

還有升官也還有兄弟跟交友，也可能有升官之象。

還移交友、還移父母、還移子女的「祿權」或「權祿」，都可能會升官。

如果是還移交友交祿，交祿是有緣，沒權，就少了積極。

（10）結交三教九流、五湖四海的朋友：

交友跟還移交祿：交友辛巨門祿入夫妻，轉甲太陽忌入福德，逢還移庚太陽祿來會。

交友跟還移「交祿」，還移是待人處世ＥＱ，交友是人際關係、朋友、競爭力。交友還移交祿或是還移交友交祿都一樣。都會有一種三教九流都能好好的相處，到處結交朋友，廣結善緣之象。

交友遷移交祿，等於二個象義：

a、遷移祿入交友：是你很會交際、應付人際關係。

b、交友祿入遷移，你交的朋友EQ高，或是你的朋友讓你EQ高，或是讓你「風光」。

（11）遷移交友交忌，容易產生：

a、你容易有特立獨行、超有個性。

b、孤僻感很重。

c、知己少。

d、變成宅男女。

e、少心機，不害人，也不防人。

遷移交友破，也容易被騙，或是你的作事態度容易被罵，容易被排擠，所以最好打

紫微斗數命盤－飛星派

忌 祿

廉貞 貪狼 忌 癸巳 36 - 45 子女宮	巨門 文昌 祿 忌 科 甲午 26 - 35 夫妻宮	天相 乙未 16 - 25 兄弟宮	天同 天梁 文曲 科 丙申 6 - 15 命宮
太陰 壬辰 46 - 55 財帛宮	辛亥年 男命		武曲 七殺 丁酉 父母宮
天府 辛卯 疾厄宮			太陽 權 戊戌 福德宮
左輔 庚寅 遷移宮	紫微 破軍 辛丑 交友宮	天機 右弼 權 庚子 官祿宮	己亥 田宅宮

工就做洗盤、切菜之類的事，比較簡單。

（12）遷移父母都類似有名氣、名聲、被評論的問題。

父母也是形象、名聲。遷移是外面的評價社會上混的好不好，遷移是連不認識的都知道，可能名聲遠播之象。

父母可能還有文書上的問題、打官司，當然父母的名聲也可能會上報紙。

忌入父母，露在臉色影響名聲，會影響學習聰明智慧，或是要打官司、上新聞的。

忌入遷移是未知的，不好掌控，也會影響待人處世的態度。

（13）遷移自化忌的解釋：

遷移自化忌是說社會上發生的什麼事情都好像跟我無關，看起來像是老僧入定，其實是事不關己，不想理睬。跟真正的修行是不一樣的。

福德的自化忌也是，比如人家告訴他什麼事，他聽聽就算了，在心裡不起個念頭。但是這個左耳進右耳出，跟真正的不起念頭有差別的，這種自化忌少了堅持，多了不用心。

別人給的好處也不會放在心上；失去了，也無所謂，因為不會有堅持，或者念頭，所以好處和壞處，都帶不到別的宮位（自化忌不可以轉忌）。

而且自化忌容易消散，所以祿和忌入，都會受到影響，好事壞事遇到自化忌，都會消失。

比如說，交友忌入遷移，又逢遷移自化忌：別人怎麼罵我，我一概不理，就消失於無形。

三、遷移宮＋星性：天分、能力。

1、遷移＋貪狼：化祿權，才華、藝術、天分。

a、遷移宮坐貪狼星。

b、遷移宮的四化串連貪狼，遷移宮的祿轉忌，逢到「貪狼」，遷移宮的忌轉忌逢到「貪狼」都是。

2、遷移＋天機：化祿權科：算數、計算、企劃、統計。

3、遷移＋天同：化祿權和氣生財、協調能力。

4、遷移＋太陽：化祿權管理能力、政治能力，博愛的能力，日照天下。

5、遷移＋廉貞：化祿美術藝術唱歌跳舞，對珠寶的鑑賞力，愛戴閃亮亮的東西、貴的東西。

6、遷移＋天梁：高高在上、講話誇大，很會講話，死的說成活的。

7、遷移＋破軍：也是霸氣、權威、大氣、海納百川。

8、遷移＋武曲：剛硬、正直、不屈不撓。

9、遷移＋紫微：貴氣、化權霸氣、化科客氣。

10、遷移＋太陰：化祿權：柔美、柔和、乾淨、美白。

11、遷移＋巨門：化祿權：善辯。善說理、善唱歌，口條好，忌（亂說、罵人、不說話、當啞吧）。

12、遷移＋天府：母親的天性、照顧力、培養人、養育人。

13、遷移＋天相：掌權，文官。

14、遷移＋七殺：威嚴、殺氣、霸氣。

15、遷移＋文昌＋文曲：化科，客氣，化忌：拖拖拉拉，囉嗦。

16、遷移＋左輔、右弼：化科也是客氣，幫助別人。輔助。

四、遷移宮十四化：

1、遷移宮有祿：八面玲龍，父母宮有祿的人也是智慧圓融。

2、遷移宮有權：待人處世比較霸氣有魄力。

3、遷移宮有科的：待人處世「客氣」。

4、遷移宮有忌的：個性直率黑白非明。

五、其他宮四化入遷移宮、遷移宮四化入其他宮的象義：（以忌為例）

（一）其他宮位化忌入遷移宮，以忌來解釋。任何宮位忌入遷移，都有直率，不用腦的個性，名聲有問題容易「被議論」

1、命忌入遷移：當然是個性上的直率，想往外發展，也容易因為個性直受議論。

2、兄弟忌入遷移：兄弟，媽媽個性直率，經濟狀況不佳，少有存款，成就不行，中氣不足，體質有問題。

3、夫妻忌入遷移：另一半個性直，感情觀容易被人批評，處理感情的手法直接簡單。

4、子女忌入遷移：晚輩、親戚的個性直率，處理小孩、親戚、合夥的事情上也容易直率缺乏方法，而被批評。

5、財帛忌入遷移：是花錢沒大腦，用錢的個性直率，容易花錢的名聲外面諸多批評，所謂「敗金」。

6、疾厄忌入遷移：容易瘦，將來老了或病重容易坐輪椅，或是不良於行，就是外形有問題，被別人指指點點，或是愛冒險。

7、遷移自化忌：是一個不關我事之象，社會上發生什麼都不關我的事，不會攀關係，隨緣的心態。不管他人瓦上霜的心態。

8、交友忌入遷移：朋友讓你遷移有忌，讓你灰頭土臉，讓你想法單純，EQ變低。對朋友來說，朋友的個性直率，對命主，則是不會處理交友的關係，或是交的朋友容易被人評擊。

9、官祿忌入遷移：工作讓你遷移有忌，讓你灰頭土臉，讓你想法單純，EQ變低，當宅男女。公司可能是默默無聞的小公司，工作沒有想法、點子，工作不被人認可。或是公司是一個名聲不佳的公司、夕陽產業。

10、田宅忌入遷移：家裡讓你遷移有忌，讓你灰頭土臉，讓你想法單純，EQ變低，當宅男女。是大錢的觀念或是田宅的觀念很奇怪。若論買賣房子，處理房子的事，是用是或不是，沒用討論的餘地，也不想討論的，遇到田宅的事，就頭腦直，想快速解決，然後也可能處理田宅的事被批評。家族蒙羞的事。家族沒落。

11、福德忌入遷移：是想到什麼，就表現出來，想法上直率，這個精神的狀況，可以容易被批評。會挑剔社會上的人或事物，個性上有點急躁，想到什麼就做什麼。

12、父母忌入遷移：父母或者讀書讓你遷移有忌，讓你灰頭土臉，讓你想法單純，讓你IQ、EQ都變低。父母忌入遷移當然可以講你的父母個性直率，對命主來說，是讀書必須簡單明瞭，那可能讀書就讀得不怎麼樣了。

（二）遷移宮化忌入其他宮位的象義：以遷移的忌為說明，祿權科就類推了。

遷移是EQ。情商，待人處世、天降橫福橫禍……等。

1、遷移忌入交友：不善交際應酬、容易當宅男或是容易相信別人被騙。

2、遷移忌入官祿：不善處理工作上的事，容易工作愈作愈少，或是工作上容易很多干擾，糾紛。

3、遷移忌入田宅：不善處理房子上的事，容易房子愈住愈爛，或是財產愈來愈少，或是房子上容易很多干擾，糾紛。

4、遷移忌入福德：不善處理精神信仰上的事，容易精神愈來愈「宅」或是「壓抑」或是晚上不睡覺。或是精神上容易被很多干擾，糾紛。

5、遷移忌入父母：不善處理跟長輩的事、讀書上的事、公司上的事，容易ＩＱ愈來愈記不住，記憶力退化，或是思考上、讀書……等，容易被很多干擾，產生糾紛。忌也是一種「執著」。如果有讀書、學習的話，也會愈學愈專精，學的科目，愈學愈少。忌就像鑽頭、挖礦一樣，一直往下挖。

6、遷移忌入命：不善處理自己心裡的事、容易沒自信，愈來愈「宅」，心裡的情緒容易被很多干擾，產生糾紛。什麼事都放心裡。

7、遷移忌入兄弟：不善處理「成就」「事業」的事、兄弟姊妹、媽媽的事、夫妻睡覺的事，容易被很多干擾，產生糾紛。主要兄弟講的是一種成就創業野心。

8、遷移忌入夫妻：不善處理跟感情的事、工作表現的事（官祿的遷移）、容易感情愈來愈少、愈來愈差。談感情的能力退化，或是感情上容易被很多干擾，產生糾紛。

9、遷移忌入子女：不善處理跟小孩的事、合夥的事、親戚的事、性慾的事、容易子女的緣愈來愈少、愈來愈差。或是跟小孩的互動上容易被很多干擾，產生糾紛。

10、遷移忌入財帛：不善處理跟金錢上的事、穿衣服的事（財是錢、帛是衣）、容易賺錢的緣愈來愈少、愈來愈差。或是穿衣服愈來愈不適合，穿的舊、爛，或是跟金錢上的事容易被很多干擾，產生糾紛，賠錢、破財。

11、遷移忌入疾厄：不善處理自己肉體上的事、健康、意外，容易肉體的緣愈來愈少、愈來愈差。或是走路不看路，騎車騎的快，就容易受傷意外。

12、遷移自化忌：不管他人瓦上霜，自己把自己管好就好，不要管閒事。

第十五課

宮位的解釋：疾厄宮

一、立太極的宮位轉換：宮位的延伸含意。

這個學起來，有很多宮位上的含意需要了解。

（一）以不同的宮位為太極點看疾厄宮：

1、疾厄宮是父母宮的遷移宮：父母的待人處世EQ，在疾厄宮。

2、疾厄宮是命宮的疾厄宮。

3、疾厄宮是兄弟宮的財帛宮：媽媽、兄弟姊妹，或是創業的公司的現金狀況。

4、疾厄宮是夫妻宮的子女宮：另一半的子女宮。
5、疾厄宮是子女宮的夫妻宮：大兒子的媳婦、老婆。
6、疾厄宮是財帛宮的兄弟宮。
7、疾厄宮是疾厄宮的命宮。
8、疾厄宮是遷移宮的父母宮。
9、疾厄宮是交友宮的福德宮：朋友的精神狀況的。
10、疾厄宮是官祿宮的田宅宮：辦公室、工廠。
11、疾厄宮是田宅宮的官祿宮：家運位。
12、疾厄宮是福德宮的交友宮。

（二）以疾厄宮太極點的轉換。

1、命宮是疾厄宮的交友宮。
2、兄弟宮是疾厄宮的官祿宮：中氣位，中氣足不足。
3、夫妻宮是疾厄宮的田宅宮：吃冷吃熱、吃多吃少，消不消化。

4、子女宮是疾厄宮的福德宮：性慾位。

5、財帛宮是疾厄宮的父母宮：身體怎麼包裝。打扮。

6、疾厄宮是疾厄宮的命宮。

7、遷移宮是疾厄宮的兄弟宮。

8、交友宮是疾厄宮的夫妻宮。

9、官祿宮是疾厄宮的子女宮。

10、田宅宮是疾厄宮的財帛宮。

11、福德宮是疾厄宮的疾厄宮：精神狀況，也是一種健康的表現。

12、父母宮是疾厄宮的遷移宮：肉體形於外的問題，臉上的氣色。

二、宮位的含意：分狹義、廣義，跟上面說的延伸含意。

1、狹義的疾厄宮，字面上的含意：

疾、疾病；厄、災厄、意外。這二個字不一樣的。但是結果都讓肉體產生病痛。

2、廣義的疾厄宮：

肉體胖瘦、健康、旅遊、玩樂、出差、辦公室。

3、延伸的解釋：

（1）疾厄宮：疾病＋災厄。疾不等於厄，疾、厄是兩種不同的事，但是最終的結果就是身體受損。疾病當然是身體的疾病，災厄就是意外、受傷。疾厄有忌的人，這種人應該是身體有病痛的，但是他說：沒有啊，都很好！改天就意外，扭到了。但是如果身體都好，就要小心意外受傷，這個不是詛咒，有時候就是那麼靈。疾病是有原因的，意外沒有原因的說來就來，但是最終的結果就是身體受損。

疾厄宮有忌的人就有兩種選擇：

a、多運動、多勞動。

b、生病。

不勞動、不運動就會生病，這個就是命理上的選擇題，命理都可以有選擇的。

疾、厄，二者都一樣，讓身體有病、有痛，比如說，也許舊傷沒好，又復發了，也是病痛，未必一定有新傷的，別老是說一天到晚要出意外。

（2）疾厄的意義：肉體。

常聽到一六共宗，命是一，疾厄是六。命是心，疾厄是肉體。我們的臭皮囊就是疾厄宮所管。所以，一般來說跟肉體健康有關的大多都以疾厄宮為太極點。但是這個只是肉體上的病，還有精神上的病就要看福德宮。疾厄是一，福德就是六。所以疾厄多祿也是可能會不健康的。過胖了也是一種福報，不過也是一種病。不過如果生病的話，疾厄宮有祿的，還是會好的比較快的，因為這個肉體有福報。生年祿在哪一宮，差不多福報就在哪裡。至少百分之五十的福報，比如說生年祿在夫妻宮，福報就在老公、老婆上面。

學生甲：沒嫁人也有福報嘛？

周老師：異性也是福啊，夫妻宮也未必一定就是配偶，談感情也是夫妻宮的。所以一樣的道理，疾厄宮有生年祿的，基本上也不會生什麼大病的，有病也會很快就好的。因為肉體有福報，所以不會太多的大病痛的、折磨的。

（3）疾厄宮另一個意義：到處玩，驛馬。

如果疾厄宮有祿的人，就喜歡到處玩，走馬看花。自化祿也是喜歡玩，但是玩不久。自化祿也是一種虛像，所以看起來好像很會玩，但是玩的戰鬥力不足；權也是一樣愛玩，而且可能會玩很大的，比如說完降落傘，心臟很大顆的才可以玩的、冒險的；科就會慢慢玩；忌也可能會玩，玩的瘋，玩的不一樣，但是也可能亂玩，拿命去玩。

所以，常常聽歐美國家的ＣＥＯ去玩極限運動，都玩死掉了，大概就是疾厄宮有忌或是父母宮有忌的。

疾厄宮有祿就喜歡隨性的玩、放鬆的玩，所以疾厄宮有祿的最喜歡沒有計劃的玩，走到哪玩到哪。

疾厄宮有科就是喜歡有計劃的玩，好好的規劃一下行程。

疾厄宮有權就是不管了，要玩就玩到底，玩到極限。本來請假兩天，就不管了，直接再請兩天繼續玩。

疾厄宮有忌就是亂玩，也可能亂請假，就不理公司了，沖父母了不甩公司了。

自化忌也是隨便玩，好玩也好，不好玩也罷，總是玩過就算了。

（4）疾厄有忌，沖父母：沖智慧。所以每個宮位要講透徹，真的沒那麼簡單的，要花很多時間，要反覆的解說。

有個江郎才盡的故事也是如此。神明夢裡把他懷中的毛筆取走了，江郎的才華就日漸消退了，各位覺得是神故事，還是鬼故事？

疾厄宮有生年忌的，沖父母，所以就會產生：

a、讀書自己悶著頭讀書的，不跟老師學習；因為也不知道怎麼變通。

b、沖父母IQ，所以就會忘性大。

所以，江郎要才盡的話，就可能父母疾厄是多忌的。比如說田宅忌入疾厄，逢生年忌，大限踏田宅的時候，疾厄就得雙忌的力量，真的就可能加速IQ的退化。總是父母宮跟疾厄宮是一線的，所以父母疾厄一線多忌的人，都要小心中年癡呆，到老年癡呆的。

學生問：有些人父疾線很漂亮會中狀元嗎？

周老師：有！中狀元還要交友宮競爭力的強大才可以，狀元也是比賽，要出人頭地，一定要交友宮的強大。人生本來就有很多的比較。

（5）忌入疾厄，沖父母：去上班的公司經營不好。

父母也是公司法人：疾厄是公司的遷移宮。有忌，就會經營不善之象。這個就容易公司會倒閉、裁員的。

疾厄有忌大概就跟長官、公司少溝通、不溝通緣分就淡了，或是讀書就自己讀，公司的經營狀況，疾厄有忌的人，可能公司就會經營不好，所以這種人，一進公司，公司就走下坡路了，或是正走下坡路，或是可能會做到倒掉。

有祿的人，一進公司，公司就蒸蒸日上，不得不信，有這麼幸運的事。

（6）家運的概念：疾厄有忌，一樣家運就會不好，不過家運的運不好理解，畢竟「運」好像知道但是不明確，只能說順不順。不過可能一人得道雞犬升天，所以這個也可能是運所管的。有運的時候家裡每個人都過得好好的，沒運的就會過的很慘。

疾厄忌入子女，沖田宅，這個有個特點：就是家庭的成員會四散。不會聚在一起的。家運沖田宅，就會有這種家四分五裂之象。當然，這個就是家族不能團結之象。各位分散。

疾厄祿入子女，照田宅，這個買房子，也是一種家運好，而買房子的。

（7）疾厄宮是官祿宮的田宅宮，引申為辦公室、工廠。

疾厄宮有祿就是辦公室，圓滿，舒服。

疾厄宮有權就是大辦公室，氣派。

疾厄宮有科就是小巧，科就像組合的ＯＡ辦公家具，這個就是科，大概三坪大，或是3×3公尺。科是三。

疾厄宮有忌的，辦公室必然環境有問題的，空氣差或是環境差都可能；忌就是不足或是壞或太小。如果是忌，搞不好在廁所旁邊，或是人來人去，常常讓你不舒服的地方，或是太陽太大的地方或是冷氣口。並不是同一個辦公室，風水都很好的。

（8）經絡各種氣的運行：

病以權、忌為主，忌是極冷，權是極熱；權、忌都不是正常的狀態。

a、權、忌會交戰：冷熱不調。比如說身體很熱，手腳冰冷；或是上半身很熱，下半身很冷。

b、權要解忌：可能好的快，但是可能後遺症也會很大的。就像頭發燒了，用冰枕去冰，可能退的快，但是寒氣也進去了。

所以，忌是病，權也是病，只是權比較少說，一般都說忌。

（9）同樣的病可能有不同的飛化來解釋。

學生甲：老師，如果發燒的話，會不會扯到廉貞？

周星飛：都可能，總不能說發燒就一定會廉貞忌吧？這種小病就不要太過計較。

學生甲：因為我想發燒和身體發炎有關。

周星飛：發炎一定跟廉貞忌有關，巨門忌是吃「西藥」，文昌忌、文曲忌是神經痛，氣管炎、大腸炎。武曲忌是骨頭、牙齒、肺。

學生甲：武曲忌是和肺有關，那會發生咳嗽之類的嗎？

周星飛：武曲忌是「肺炎」，文昌忌是「支氣管炎」，有差別？

學生乙：我弱弱的發現武曲忌好像鼻炎最多？

周星飛：武曲也是面部，像天同是耳鼻喉，但是，文昌忌，也是聲音沙啞。巨門忌也是聲音講不出話，所以，同樣的聲音沙啞，有不同的飛化可以解釋。同樣的「感冒」，也可能是廉貞忌，也可能是巨門忌，也可能是武曲忌，也可能是文昌忌，都是可能的答案

天同忌，也可能是耳鼻喉有問題，當然也是感冒的可能答案。

所以，病愈小愈不用太精細去強調某些星，病愈大才要愈強調星性。

（10）配人體對應圖。想像把命盤，貼在一個人的胸部，就知道生病在的部位。

午是頭，正南、陽氣重；子是人下陰、正北、陰氣重。

未左肩、申左背胸手、酉左腰腹、戌骨盆、亥左腿。都在左手邊。

巳右肩、辰右背胸手、卯右腰腹、寅骨盆、丑右腿。都在右手邊。

命盤與人體對應圖

廉貞 貪狼 忌
癸巳 子女宮 36-45
巨門 祿 文昌 忌 科
午為頭
甲午 夫妻宮 26-35
天相
乙未 兄弟宮 16-25
天同 天梁 文曲 科
丙申 命宮 6-15
太陰
壬辰 財帛宮 46-55
武曲 七殺
丁酉 父母宮
天府
辛卯 疾厄宮
太陽 權
戊戌 福德宮
左輔
庚寅 遷移宮
紫微 破軍
辛丑 交友宮
天機 權 右弼
子為北方水
子為人下陰
庚子 官祿宮
己亥 田宅宮

三、疾厄宮＋星性：

此章節比較多。

（一）病的種類：

1、疾厄宮＋貪狼忌：脾肝腎、脊椎、骨盆、腿骨、長短腳（常見的貪狼忌在子午線或是辰戌線上面，都容易脊椎會歪的或是脊椎容易受傷）。貪狼、武曲對沖，也是一種，脊椎會歪的，S型側彎的。

2、疾厄宮＋天機忌：關節、脊椎、毛髮、禿頭、不長毛或是毛很多（天機一樣也是脊椎，所以，天機忌在子午線上，也是會脊椎歪的）、（如果長不出毛或是掉髮很嚴重的，過半在父疾線上有天機忌；或是宮干化天機忌）。

3、疾厄宮＋太陽忌：頭、眼、心臟病、高血壓、眼睛問題。

4、疾厄宮＋太陰忌：皮膚乾、頭髮白、老化之象；女人月經不正常，量少乾了。所以，疾厄宮化太陰忌之類的，就很容易感覺老的快、少年白。

5、疾厄宮＋武曲忌：肺、牙齒、胸部、背部、骨頭都算；父母、疾厄化武曲忌的，特別容易沒門牙的，生年壬也是一樣，特別會掉牙齒。

6、疾厄宮＋廉貞忌：容易發炎、長痘子、化膿、腫瘤、過敏。

7、疾厄宮＋巨門忌：莫名的痛、查不出來的病、腫瘤；（通常巨門忌重的人，哪裡都痛，但是去檢查，一切都正常。最後都是打一針消炎、止痛就好了。或是平時都是正常，但是一查出來就是二期、三期、末期了）。

8、疾厄宮＋天梁：沒忌，只有權：如果天梁化權在午宮，都容易高血壓、爆頭腦的血管。

9、疾厄宮＋破軍：沒忌，只有權，也一樣、在午宮高血壓。

10、疾厄宮＋天同忌：淋巴系統、耳鼻喉、泌尿系統，聾啞。

11、疾厄宮＋紫微：沒有忌，只有權：也是一樣，在午宮，高血壓。

12、疾厄宮＋七殺：也是隱含權，所以也是在午宮，高血壓。

13、疾厄宮＋天府：就不知道了，有的說是胃病之類的。

14、疾厄宮＋天相：不知道。

15、疾厄宮＋輔弼：只化科，好像也沒病。

16、疾厄宮＋文昌：氣管、血管、神經系統、抽痛。

17、疾厄宮＋文曲：大腸、小腸、消化系統。

18、午宮化權，容易火氣上頭，高血壓。午宮化忌，容易寒氣上頭，也容易頭痛。

19、子午線上，多忌，尤其天機忌巨門忌貪狼忌武曲忌……等，容易脊椎側彎的嚴重駝背，羅鍋。

20、武曲忌、貪狼忌在辰戌線上，也容易脊椎S型。

（二）病的種類：異星同病。

1、貪狼忌、武曲忌、天機忌：都是骨頭。

2、天同忌、巨門忌、文曲忌：都是消化系統。

3、廉貞忌、巨門忌：都是紅腫、腫瘤。

4、太陽忌、太陰忌：眼睛問題、日月。

5、破軍權、天梁權、紫微權、七殺跟其他星化權在午宮：都容易高血壓。

6、廉貞忌、文昌忌：血管問題。

7、巨門忌：是「門」，嘴巴、賁門、幽門、十二指腸、盲腸、肛門。

8、文昌文曲忌：管子類，氣管、食道、十二指腸、小腸、大腸、直腸、肛門、尿道、輸卵管。

9、太陽忌＋巨門忌：心臟病、心律不整、心肌梗塞。

（三）治病的藥種類：藥在命理上的表現。

1、巨門：西藥，治痛的、消炎。治消化的。

2、天梁：高級中藥、生物高級藥（冬草夏草膠丸、很貴的）。

3、貪狼：中草藥。補「骨」脊椎。貪狼是甲木、天機是乙木，都是木類。

4、廉貞：「媚藥」、增強性慾的藥。也可能消炎的藥、很貴的藥。

5、武曲：補「骨」、肺氣。

6、天同：內分泌、鼻藥。耳鼻喉。肚子痛。治消化的。

7、太陰：皮膚、賀爾蒙。眼睛。日、月也代表眼睛。

8、天機：腦神經。關節。也有補骨的。貪狼是甲木、天機是乙木都是木類。

9、太陽：治心臟、頭痛、眼睛。日、月也代表眼睛。

10、文昌、文曲：神經系統的藥。會治抽痛的。

四、疾厄宮十四化：看體型。

1、疾厄有祿的：比較胖，有好吃的好玩的。

2、疾厄有權的：比較壯、精實、精壯。

3、疾厄有科的：比較修長。

4、疾厄有忌：喜歡運動、勞動、或是生病；瘦；是體格不平均，頭大身體小之類的。上半身小、下半身大。

學生甲：師父，疾厄有祿的人，是比較容易胖？

周星飛：是的，因為也容易有口福，心寬體胖的胖。不過，祿只是微胖，如果是過胖就可能是「忌」，病態。你總一直說「胖就是福」吧！

五、其他宮四化入疾厄宮、疾厄宮四化入其他宮的象義：（以忌為例）

（一）其他宮位化忌入疾厄宮，以忌來解釋。

任何宮位忌入疾厄，都有讓身體忙，生病，沖父母，忘性，不跟長輩、長官、公司溝通。公司容易經營不好。

1、命忌入疾厄：當然是個性閒不下來，運動、勞動。

2、兄弟忌入疾厄：想創業，就會很忙。容易是體力活的工作。

3，夫妻忌入疾厄：另一半讓我很忙，或是感情不願意跟長輩說。

4、子女忌入疾厄：晚輩、親戚、合夥的事，讓我很忙。合夥創業經營不好。

5、財帛忌入疾厄：花錢很謹慎。賺錢也很忙的。有多少錢都不說的。

6、疾厄自化忌：對自己的健康的問題，不在乎，隨緣。

7、遷移忌入疾厄：對自己的健康不在意，或是常常無心之過，就受傷了。或是喜歡玩危險的動作。

8、交友忌入疾厄：朋友讓我很忙，意外受傷，或是外在的競爭力很弱，公司的經營有問題。

9、官祿忌入疾厄：工作讓你很忙，或是工作愈做，公司生意愈差。辦公室、工廠的環境，非常的不好，讓我身體產生病痛。

10、田宅忌入疾厄：家裡讓我很忙。或是家庭的風水不好，影響我的健康。

11、福德忌入疾厄：是想到什麼就去做。這個也容易去整容或是刺青，自己的想法去折磨自己的身體，或是去練健身，練肌肉。

12、父母忌入疾厄：父母或者讀書讓你疾厄身體很忙。讀書容易健康有問題。讀書很容易就放棄的。父母忌出。

父母忌入疾厄當然可以講你的父母個性直率。

（二）疾厄宮化忌入其他宮位的象義：以疾厄的忌為說明，祿權科就以此類推。疾厄是健康、肉體、家運。

1、疾厄忌入交友：這個肉體是比輸人家的。容易瘦小、過胖，健康不良。

2、疾厄忌入官祿：這個肉體就工作，像體力活，也容易一忙就不吃飯。變瘦。

3、疾厄忌入田宅：這個肉體會有長久的病。病被收藏了，或是這個家運很辛苦。一步一步來的。

4、疾厄忌入福德：健康的問題讓我很煩惱，睡不著。

5、疾厄忌入父母：健康的問題，很容易顯現在臉上。比如說長痘子。或是這個肉體也很衝動的。

6、疾厄忌入命：健康的問題，我放心裡面，不對外說。

7、疾厄忌入兄弟：健康的問題，會讓中氣不足。沖交友，不對外說。

8、疾厄忌入夫妻：健康的問題，常常會變成吃不下的問題。變瘦。喜歡吃冷的，或是不吃飯。

9、疾厄忌入子女：健康的問題，讓我的性慾降低。家運沖田宅，這個家庭成員各自四散各方，不常見面。

10、疾厄忌入財帛：健康的問題，常常讓我花錢。口袋空空。

11、疾厄自化忌：對自己的健康的問題，不在乎，隨緣。

12、疾厄忌入遷移：我這個肉體很衝動，常常作危險的動作，或是就當宅男女，躲起來。或是有健康上破相有問題。

第十六課

宮位的解釋：財帛宮

一、立太極的宮位轉換：宮位的延伸含意。

這個學起來，有很多宮位上的含意需要了解。

（一）以不同的宮位為太極點看財帛宮。

1、財帛宮是父母宮的疾厄宮：父親的健康狀況。

2、財帛宮是命宮的財帛宮。

3、財帛宮是兄弟宮的子女宮：我的兄弟姊妹的「子女的狀況」。

4、財帛宮是夫妻宮的夫妻宮：另一半的感情位。

5、財帛宮是子女宮的兄弟宮：我小孩的兄弟宮。也是二兒子的宮位。

6、財帛宮是財帛宮的命宮。

7、財帛宮是疾厄宮的父母宮。

8、財帛宮是遷移宮的福德宮。

9、財帛宮是交友宮的田宅宮：朋友的財產、房子狀況。是「客房的位置」或是交誼廳或是俱樂部會所之類的地方。

10、財帛宮是官祿宮的官祿宮。

11、財帛宮是田宅宮的交友宮：家族的交友態度。

12、財帛宮是福德宮的遷移宮：精神狀況，看花錢跟穿衣服就知道。

（二）以財帛宮太極點的轉換。

1、命宮是財帛宮的官祿宮。

2、兄弟宮是財帛宮的田宅宮：現金的收藏位，保險箱的位置。

3、夫妻宮是財帛宮的福德宮：賺錢高不高興。

4、子女宮是財帛宮的父母宮：賺錢花錢的IQ宮位。

5、財帛宮是財帛宮的命宮。

6、疾厄宮是財帛宮的兄弟宮。

7、遷移宮是財帛宮的夫妻宮。

8、交友宮是財帛宮的子女宮。

9、官祿宮是財帛宮的財帛宮。

10、田宅宮是財帛宮的疾厄宮：真正的大財富，在田宅宮，一六共宗位是「實」。

11、福德宮是財帛宮的遷移宮：賺錢花錢的EQ宮位。

12、父母宮是財帛宮的交友宮。

二、宮位的含意：分狹義、廣義，跟延伸含意。

1、狹義的財帛宮，字面上的含意：

財：金錢；帛、絲綢品、衣服。

2、廣義的財帛宮：

賺錢、工作、穿衣服、花錢、情緒的表現位。

3、延伸的解釋：

（1）財帛宮：

a、財：金錢。

b、帛：絲帛、衣物。

這二個字不太一樣的。但是最終的結果，一種貨幣、金錢的概念。古代絲綢、布匹，都是可以拿來當交易的媒介，當貨幣來使用，所以，你們看宋代被金人打敗了，都要進貢「金、銀、布匹」，或是有時候在古裝戲裡會說到「這個東西值三百匹絲綢，或是布匹。這個是「字面上的意義」。當作一種「錢」的交易單位。

（2）財帛宮：看財帛宮也可以知道喜歡穿什麼衣服或是顏色的。

財帛宮有祿，可能就會喜歡多穿綠色的或適合的顏色。

財帛宮有權，是紅或是誇張的顏色。

財帛宮有科，是白或是一種有禮貌有禮節的顏色。

財帛宮有忌，是「穿深色、黑、藍色黑」或是一種不看場合、是亂穿的。

這個也是一種看穿衣服的「解釋」。

（3）穿衣服的類型：

財帛＋紫微：貴族風，類似王子、公主型的。紫微本來就是貴族之意。

學生甲：財帛天相。

周星飛：你就適合穿這種套裝的，天相也是化科或是化權的。

學生乙：我財帛天同生年忌，是不是穿得像服務員？天同，服務業。

周星飛：有可能喔，服務員。

學生乙：我天同忌，有點喜歡穿顯年輕的衣服。

學生丙：我財帛自化忌，那我是不是穿什麼都沒問題？

周星飛：自化忌，就隨便穿了，反正都可能差不多了。

學生丁：我財帛七殺怎麼穿，我一般比較喜歡比較正經的衣服，比較華麗的。

周星飛：穿軍裝。

學生戊：我財帛七殺，以前超喜歡豔麗的。

學生己：貪狼自化祿呢？也是綠色？我偶爾野性，牛仔風，以前走狂野路線，現在改風格了。

周星飛：祿，還是是綠色，自化祿。可能就會帶點綠而不是全綠，自化祿還有隨性。

學生庚：天府的是不是穿得跟務農的一樣？

學生辛：天府端莊穩重。

學生乙：天梁穿老人衣。

周星飛：天梁還是一種高格調的品味，所以像套裝洋裝穿起來比較成熟的，顯得穩重，天梁是老大星。自化忌可能就隨便穿了，比如說，財帛宮有天梁，又有自化忌：先穿天梁的衣服，但是時間一久，就隨便了，顧不得形象了。

學生甲：那貪狼的款式是否像妖精，比較性感的綠色？

周星飛：貪狼，是氣質，琴棋書畫，廉貞是才藝媚力，所以露肉的多的一定是廉貞。

貪狼是會包的緊一點的。

太陰白淨素白高雅，多用蕾絲作邊，太陰祿女神型的。

財帛自化祿，也喜歡穿得膨膨的。

財帛自化科，修飾比較修長的。喜歡弄點裝飾蕾絲巾之類的。

財帛自化權，大外套也是。

財帛自化忌，隨便穿、隨便配，不在意。

學生乙：破軍穿衣特立獨行。

學生丁：自化祿也喜歡穿得膨膨的，有理，自化祿最怕包了，最喜歡寬鬆。

學生丙：我財帛貪狼自化祿。對，喜歡膨膨的韓版裝。

學生戊：穿衣與大限財帛有沒有關係？風格會不會根據大限財帛的變化而變化？

周星飛：財帛宮或是福德宮的四化，從不看「大限財帛」只是看「相應而已」。

學生戊：我的父母宮天同祿，也喜歡甜美可愛風。

周星飛：天同祿是可愛風小孩風。父母也是打扮的宮位，財帛是一六共宗位。看父母也可以看穿衣服。

學生乙：在公司看幾個生年忌和命忌在財帛的，對錢錙銖必較，精打細算，穿著方面則是凹公司免費的。

學生壬：天機生年祿，穿的比較斯文哦？

周星飛：天機，比較像，穿起來比較顯的聰明。

巨門是「雜類的」，當然，有祿權就可能是混搭了，有忌就亂搭了。

紫微有分科、權：紫微權，應該會更有威嚴霸氣，紫微科，就會顯得修長、修飾。

科就是修長、權是擴張、祿是圓融、忌就是亂穿或是亂配。

學生癸：我是財帛生年武曲忌，福德癸貪狼忌入財帛要麼純黑，要麼純白黑的多一點。

周星飛：穿起來合身是祿，穿起來修長是科。緊身衣的話。可能是科或是忌，因為有的人穿緊身衣是適合的。有的人肉太多就硬擠進去，所以就很像忌。穿起來就難過。不正經的眼鏡、不對稱，過大的的眼鏡，權就會過大「擴張顯霸氣。忌 就會「亂配」。所以愛作怪的，通常在權、忌。祿科、愛守本分有禮貌的。

學生甲：對。科，旗袍，修長。

周星飛：戴大眼鏡的，可能都是財帛化權或是自化權，顯得寬大，自化權配件過大了。

這個有時候也不好區別的，但是先把基本的先理解，以後再慢慢去印證。

學生甲：左輔右弼呢？功能性多的衣服算嗎？

周星飛：算的，科，還是有多樣計劃發展的。上面說的都理解？所以穿衣服也可以看財帛的。

（4）財帛也是一種對金錢的態度。

比如說，財帛宮有祿，會覺得賺錢很容易的，來財方便順利。所以，常常口袋比較有多一點的錢，使用也方便，不小氣。

比如說，任何事忌入財帛，都是一種向錢看的態度，現實主義。

比如說，夫妻忌入財帛，這個感情來說，一定以麵包為主、感情向錢看。

比如說，田宅忌入財帛，買房子來說，也一定是先衡量自己有沒有錢，再來買房子的。向錢看。

學生甲：那要是沒有四化呢？比如七殺？

周星飛：看化氣，財帛宮的宮干四化那就會產生相應的事，財帛的忌相應了，就口袋現金不方便，賺錢難、少，或是多節儉。如果，財帛有生年忌，大概一輩子都比較節儉。如果，財帛沒有生年四化，就只看財帛宮的宮干四化，或是其他宮位四化入財帛宮。相應忌，就會比較節儉，相應祿就比較大方。就會產生比較隨波逐流、變化起伏大之象。就看氣怎麼相應的。

學生乙：財帛自化忌，會節儉嗎？

周星飛：財帛自化忌，對金錢沒概念，賺錢、花錢隨緣。不去計較、計算。有就花，沒就不花。

學生乙：財帛宮自化祿呢，老師？是看上去賺的容易嗎？

周星飛：對錢，有一種「天真的個性」，想說，錢再賺就有了。會有一點過於樂觀之象。

(5)命、福德、疾厄是一個人的「心、靈、身」屬內在的部分，(疾厄：身，命：心，福德：靈）。但是，顯現於外就在各自的「遷移宮」。

命宮顯現於外是遷移宮，福德宮顯現於外在財帛宮，疾厄宮顯現於外在父母宮，身體的問題就要看臉色、氣色，在父母宮。中醫裡說的「望聞問切」。

福德宮是精神狀況、宗教信仰，那表現出在就在財帛宮上。比如說，穿某一個宗教的衣服，就代表非常認同這個宗教，一個人的宗教信仰，是看不出來的，但是穿了衣服就知道了，穿了道袍，就代表就信奉道教，穿了海青就是信奉佛教。

(6)財帛有幾個比較容易理解的宮位解釋：交友的田宅。

a、交友的田宅宮：如果以自己的房子來看，這個就是客房位，朋友我家住的地方，客房、交誼廳之類。比如說，夫妻宮，是家裡的廚房，因為是疾厄宮的田宅宮，所以引申為廚房。

b、財帛也是交友的田宅宮可以看所交的朋友田宅的窮富狀況。財帛宮有生年祿的，等於是交友的田宅宮有生年祿，就容易結交到家庭物質生活過得不錯的、比較富一點的朋友。

(7)財帛的相應：

1、比如說財帛是壬紫微權入交友，在「子女宮大限的時候」。財帛壬紫微權入交友（大限財帛），賺錢就比較積極，有競爭力。

2、財帛宮（大限命宮）壬天梁祿入命，相應了。所以，這個大限來財就比較順利方便愉快。

3、財帛宮（大限命宮）壬武曲忌入父母，轉丁巨門忌入夫妻，逢交友（競爭位）辛文昌忌，這個大限也有賺錢上，不想跟人競爭，或是要競爭也爭不到的時候。所以，打算多做點義工了。

4、看財帛宮的四化，也可以知道什麼時候賺的錢多，賺的錢少，辛苦不辛苦的錢，一切都有定數跟時間、跟過程。命盤上都會說明。

紫微斗數命盤-飛星派

忌 ↖　　　　　　　　　　　　↗ 祿

廉貞 貪狼 忌 癸巳 36-45 子女宮	巨門 祿 文昌 忌 科 甲午 26-35 夫妻宮	天相 乙未 16-25 兄弟宮	天同 天梁 文曲 科 丙申 6-15 命宮
太陰 壬辰 46-55 財帛宮	辛亥年 男命		武曲 七殺 丁酉 父母宮
天府 辛卯 疾厄宮			太陽 權 戊戌 福德宮
左輔 庚寅 遷移宮	紫微 破軍 辛丑 交友宮	天機 右弼 權 庚子 官祿宮	己亥 田宅宮

三、財帛宮＋星性：賺錢、花錢的種類、穿衣服。

1、財帛＋貪狼：專業的工作、算命、瑜伽、五術的工作。

2、財帛＋天機：算數、企劃、會計、統計、設計。（所謂的財帛＋天機：比如說財帛宮有天機四化，或是財帛宮的飛化，串聯天機。比如財帛乙天機祿入夫妻，或是財帛庚太陽祿入夫妻，轉戊天機忌入交友、這樣子的祿轉忌跟天機串聯）。

3、財帛＋廉貞：歌舞、偏財、炫富、玉石、珠寶、吸毒、犯罪。

4、財帛＋太陽：能源、網路、政治、電話行銷。

5、財帛＋太陰：石油、化學、衣服、衣飾、床飾、房子、家具、旅行、旅店、因為太陰忌是屍體，石油正是恐龍的屍體而成；太陰田宅主，也跟房子類的東西相關。

6、財帛＋天同：美食、攤販、醫務、卜卦、羅盤、風水、服務業、賣水的也是天同。

7、財帛＋巨門：律師、算命、小吃、賭、辯護、有犯罪或是口舌之類。

8、財帛＋武曲：金融、練武、正骨、鋼筋、金屬類的都對；武曲是金是骨還有牙醫也算，牙齒也是武曲。

9、財帛＋天梁：宗教、高級房地產、豪宅、動口說話作生意、保險業務、高級藝品、生化科技、高等中藥材作的生化科技。

10、財帛＋破軍：大型批發買賣，水產業、倒垃圾、環保行業、不過巨門忌也可能是垃圾，有毒的廢棄物，廉貞忌也是類似的。

11、財帛＋紫微：可能也是高級藝術品之類的，因為紫微是貴族星。

12、財帛＋左輔＋右弼：秘書、輔佐的人材、幫手。

13、財帛＋文昌＋文曲：文字工作、藝術、小說、文房四寶。

14、財帛＋七殺：大型鐵工廠、鋼鐵工廠、護衛、軍警、跟武曲很像。

15、財帛＋天府：農特產品、農業、食庫。

16：財帛＋天相：可能是副手。有說手相、面相等也是天相。

以上就是跟星性有關係的。如果財帛沒有主星，就看財帛宮宮干四化。

17、比如算命來說，可能是貪狼，也可能是天機，也可能是天梁，算命的也可能是巨門，也可能是廉貞都是可能的。天梁就是言過其實，很會講話的，最好串聯父母、遷移宮，保證話都可以亂講。

就像醫生也是，有人是天梁有人是貪狼有人是天同，緣分都不一樣的。

比如說唱歌的歌手，有人可能是貪狼有人是廉貞有人是巨門。貪狼是才華高、比較靜態的；廉貞比較像唱跳要露大腿、胸部的；巨門就是很會唱了。廉貞屬媚，魅力無邊。

所以，同樣的職業未必是同樣的飛化，同樣的飛化未必就是同樣的職業，都只是推論的。

四、財帛+四化：祿權科忌。

1、財帛有祿，賺錢方便，手頭方便，賺錢愉快。

2、財帛有權　賺錢積極、努力、賺大筆的。

3、財帛有科，賺錢有計劃，慢慢來、細水長流。

4、財帛有忌，賺錢能力差，賺錢辛苦，非常節儉，斤斤計較，一步一腳印。

5、財帛自化祿，對賺錢、花錢很天真，覺得來財太容易。

6、財帛自化權，賺錢也看起來好像很積極，不過持久力不足，刺激一下，二、三天就沒用了。

7、財帛自化科，看起來好像對錢很有計劃，但是也可能計劃趕不上變化，沒二天就要修改計劃。

8、財帛自化忌，對錢隨緣不在意，不計較、不計算。

五、其他宮四化入財帛宮、財帛宮四化入其他宮的象義：（以忌為例）

（一）其他宮位化忌入財帛宮，以忌來解釋。

任何宮位忌入財帛，都是一種向錢看的態度，現實主義。或是讓我的手頭很緊，沒現金，賺錢慢、辛苦。

1、命忌入財帛：當然是個性務實，向錢看，對錢謹慎小心。

2、兄弟忌入財帛：想創業，就要小心，仔細計算成本收入。做現金的生意。

3，夫妻忌入財帛：這個感情來說，一定以麵包為主、感情向錢看。或是對象就對錢比較在意。

4、子女忌入財帛：晚輩、親戚、合夥的事，都要好好的計算金錢效益。

5、財帛自化忌：花錢沒計較，不謹慎。不在乎，隨緣。

6、疾厄忌入財帛：自己的健康的問題要多花錢，或是健康的問題影響我賺錢不順利，沒錢。

7、遷移忌入財帛：對自己的金錢不在意，或是常常無心之過，就沒錢了。或是喜歡玩危險的投資、投機生意。

8、交友忌入財帛：朋友讓我金錢很緊，或是讓我虧錢。或是外在的競爭力很弱，讓我的現金吃緊。

9、官祿忌入財帛：工作要計算金錢薪水的。工作要向錢看的。

10、田宅忌入財帛：買房子來說，也一定是先衡量自己有沒有錢，再來買房子的。向錢看，家庭讓我務實一點，多賺錢。

11、福德忌入財帛：是想到什麼就去賺錢，喜歡賺錢，也可能利用宗教信仰來賺錢。

12、父母忌入財帛：父母或者讀書讓我金錢上很緊張。讀書容易向錢看，讀書就讀那種畢業就有錢賺的最好。

（二）財帛宮化忌入其他宮位的象義：

以財帛的忌為說明，祿權科就可以此類推。

1、財帛忌入交友：這個花錢是輸人家的。容易買東西買貴了、上當、受騙了。沖兄弟，常常一買，就沒存款了。

2、財帛忌入官祿：這個賺錢就是工作很忙，因為要賺錢，所以就要工作。

3、財帛忌入田宅：這個錢，有錢就要存起來，放在房子裡。所以，有錢就會想買房子的，做人就比較現實一點。存錢就一步腳印。

4、財帛忌入福德：花錢，賺錢，都要跟興趣有關的。

5、財帛忌入父母：跟人談錢的問題，臉皮就薄。沒錢就會寫在臉上，臉臭。

6、財帛忌入命：金錢的問題，有壓力，我放心裡面，沖遷移不對外說。

7、財帛忌入兄弟：錢的問題，我就會存在銀行，或是去投資的。

8、財帛忌入夫妻：錢的問題，常常會我的另一半不高興。或是如果工作賺錢，在錢上有問題，我就容易怠工，不幹，辭職。

9、財帛忌入子女：錢的問題，會讓我的親戚不高興，沖田宅，基本上是留不住的。

10、財帛自化忌：花錢沒計較，不謹慎。不在乎，隨緣。

11、財帛忌入疾厄：賺錢讓我的身體很忙，所以容易以體力活來賺錢。存錢就會很認真的保管好。

12、財帛忌入遷移：我這個花錢很衝動，錢讓EQ變低。亂買東西，有敗金的個性，花錢不眨眼，或是沒錢就當宅男女，躲起來。

第十七課

宮位的解釋：子女宮

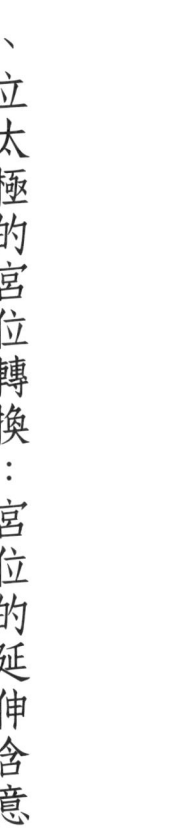

一、立太極的宮位轉換：宮位的延伸含意。

這個學起來，有很多宮位上的含意需要了解。

（一）以不同的宮位為太極點看子女宮：

晚輩、下屬、寵物、性能力、合夥、六親緣。

1、子女宮是父母宮的財帛宮：父母的賺錢、花錢的宮位。

2、子女宮是命宮的子女宮：我的小孩。

3、子女宮是兄弟宮的夫妻宮：我的兄弟的另一半。

4、子女宮是夫妻宮的兄弟宮：另一半的「媽媽、或是兄弟姊妹」。

5、子女宮是子女宮的命宮。

6、子女宮是財帛宮的父母宮。

7、子女宮是疾厄宮的福德宮：引伸為性慾宮位。

8、子女宮是遷移宮的田宅宮。

9、子女宮是交友宮的官祿宮：朋友跟工作，引伸為合夥事業。

10、子女宮是官祿宮的交友宮。

11、子女宮是田宅宮的遷移宮：田宅興不興旺看子女，是田宅的對外表現。

12、子女宮是福德宮的疾厄宮：精神狀況的實體在疾厄宮上。一六共宗位。

（二）以子女宮為太極點看不同的宮位：

1、命宮是子女宮的田宅宮：小孩子的房間，小孩子的田宅宮。

2、兄弟宮是子女宮的福德宮：小孩的精神狀況、嗜好。

3、夫妻宮是子女宮的父母宮：小孩的讀書情況。

4、子女宮是子女宮的命宮。

5、財帛宮是子女宮的兄弟宮：小孩子有沒有成就。

6、疾厄宮是子女宮的夫妻宮：大兒子的媳婦。

7、遷移宮是子女宮的子女宮：兒子是子女宮、孫子是遷移。

8、交友宮是子女宮的財帛宮：小孩的賺錢的情況。

9、官祿宮是子女宮的疾厄宮：小孩的健康情況。

10、田宅宮是子女宮的遷移宮：小孩待人處世，EQ高低。

11、福德宮是子女宮的交友宮：小孩子的交朋友的態度。

12、父母宮是子女宮的官祿宮：小孩子的工作情況。

二、宮位的含意：分狹義、廣義，跟上面說的延伸含意。

1、狹義的子女宮：

字面上的含意，分為①子：兒子，②女：女兒。這個是最原始的含意。

2、廣義的子女宮：

晚輩、下屬、寵物。子女宮：比我弱小、需要我生、養、保護、照顧的對象。

3、子女宮的延伸象義：

晚輩、下屬、寵物、性能力、合夥、六親緣。

子女宮：比我弱小、需要我生、養、保護、照顧的對象。

父母宮，比我強大，我需要他們生、養、保護、照顧我。

交友宮，跟我一樣的年紀、能力、共同的社會層級、同樣的單位、同學……等，未必一定跟年紀有關的，有時候跟「社會職業、聞道有先後」有關的。

（1）延伸象義：六親歸類。

a、父族：田宅宮。

b、母族、福德宮（媽媽的田宅）。

c、妻族：父母宮（夫妻的田宅）。

d、其他：族繁不及備載，都可以用「子女宮」，外面所有的親戚。

e、父族：我的田宅宮就是「父親、爺爺、祖父」一代一代的上去，最後，都是從田宅延伸出來的。所以，父族在田宅宮，田宅是一個人家族總稱。

f、子女，田宅的遷移。家族的社會表象，表現。就是親戚。

g、兄弟宮是媽媽的命宮，媽媽的田宅宮在福德宮。

(2)合夥位：交友宮的官祿宮，所以跟朋友的工作有關的，當然，交友的兄弟宮（官祿宮），也可能是朋友的創業，當然也像合夥。以此類推啊，總不能合夥都是用子女，也可能有用其他的宮位。

(3)性能力：子女宮是疾厄宮的福德宮。所以是肉體的享受位。通常串連廉貞祿、貪狼祿、太陰祿之類的，這個能力就比較強一點。子女宮祿權多，也會很強的。化忌的話，這方面的福報，就會少一點。或是容易出問題。

(4)子女宮是我的小孩，怎麼分男女、分長幼：

a、子女宮是大兒子的命宮，財帛宮是二兒子的命宮，疾厄宮是三兒子的命宮。

b、大女兒的命宮是兄弟宮，二女兒的命宮在命宮，三女兒的命宮在父母宮。

c、大兒子的媳婦的在疾厄宮：子女宮的夫妻宮。

二兒子的媳婦的在遷移宮：財帛宮的夫妻宮。

三兒子的媳婦的在交友宮：疾厄宮的夫妻宮。

d、大女兒在兄弟宮，大女兒的老公在子女宮。

二女兒在命宮，二女兒的老公在夫妻宮。

三女兒在父母宮。三女兒的老公在兄弟宮。

e、長孫，大孫子的命宮在遷移，子女宮的子女宮。

長孫女，大孫女的命宮在財帛宮，子女宮的兄弟宮。

(5)如果，大兒子是老公和前妻生，自己再生一個兒子，自己的兒子算那個宮位？

答：妳生的兒子，在妳的命盤還是在子女宮，妳生的二兒子還是在財帛宮，跟老公以前生的無關。

如果要借盤看「老公跟前妻生的兒子」，在你的命盤，老公是夫妻宮，老公的子女宮在疾厄宮，所以，老公跟前妻生的兒子在疾厄宮。

如果以老公男命來看，不管是跟誰生的。大兒子在子女、二兒子在財帛。

兒子在子女，女兒在兄弟，兒子的順序逆時針，女兒的順序順時針。除了夫妻之外，男女的順序是這樣子分的。

(6)子女串連巨門忌、貪狼忌、文昌忌、文曲忌之類的，尤其忌入父母、福德、田宅之類的，都可能會有幾個情況：

a、生的小孩，有問題。

b、改姓的。

c、偷生的。戶口有問題的。

d、過繼給別人的。

就飛星來說，只要子女化忌入父母、交友、遷移，最好，再串連生年忌，小孩的問題就多多了。

取其象義為不得眾人、社會的認同，如果再串連上「巨門忌、廉貞忌」之類的更容易打官司啦，生父不詳之類的。

(7)子女宮是二婚位，一婚在是夫妻宮的，二婚在子女宮。

a、比如說：女命的命盤，大老公在夫妻，二老公在子女，三老公在財帛。

b、比如說，男命的命盤，大老婆在夫妻，二老婆在子女，三老婆在財帛。

學生甲：大老婆、二老婆、三老婆……是指命主結過幾次婚的對象？

周星飛：原則上是，不過也未必一定是，有時候是交過的順序也算，這個借盤看對象，要找一個太極點不容易。不過，感情的對象，不管那一個，多半都有「夫妻宮的特點」。

就像看子女一樣，子女是「所有兒女的綜合」，這個還是「體」。

那二兒子在財帛宮，也是借用，以這個財帛為二兒子的命宮，但是還是有「子女宮的特點」。

學生乙：第二次婚姻是看子女宮嗎？

周星飛：是的，但是還是要以參看夫妻宮，

學生乙：那交往過的男女朋友也能從夫妻宮看出來嘛 ？（指很多個）

周星飛：有點難，不過多半有夫妻宮的特點的，才會在一起。

（8）小孩的狀況：

子女的疾厄宮是「官祿宮」也可以看小孩的健康狀況。子女的讀書位是「夫妻宮」子女宮的父母宮。所以，夫妻宮有祿，有個好配偶，小孩讀書就強。命理上這樣子說的。

(9)田宅興旺、衰弱：

田宅興不興旺看子女是田宅的遷移宮，田宅的對外表現。

所以，田宅宮、子女宮有祿，容易六畜興旺。或是福德祿入田宅，田宅祿入福德，福德田宅交祿，這種都有家庭興旺，也容易多生子女，生兒子的機會比較大。

反之，田宅有忌，子女宮有忌，就會弱一點。田宅跟子女交忌，也一樣，小孩緣就會弱一點。

田宅有忌的人，就會沖子女，小孩緣也會比較弱一點，拿小孩，小孩流掉都正常的。或是不生男，或是生男比較弱一點。所以，如果有研究生不出小孩的，通常會有很大的機會是子田線上多忌的關係。可以參考。

(10)子女宮也是生殖系統的，對女性來說就是「子宮卵巢」也一樣適用在男性生殖系統。

但是，男性的麻煩比女性少很多，但是一樣還是有問題的。

a、女性來說：子宮塞住、長腫瘤、裝避孕器、難懷孕，與「文昌忌、文曲忌」有關

①子女宮坐「文昌忌、文曲忌」。

②子田線上有「文昌忌、文曲忌」。

③子女宮的忌轉忌，逢同宮或對宮有「文昌忌、文曲忌」。

④生年文昌忌或生年文曲忌，轉忌入子女宮或田宅宮。

b、男命：男人的塞住，指的是攝護線肥大，導致生殖系統塞住，或作結紮手術，難懷孕。

四、子女宮十十八星：

(1)這個就不好理解了。如果講合夥工作賺錢，就參考財帛、官祿的星性，即可。

(2)如果講什麼性能力之類的，就看盤的經驗裡，當然，子女宮有祿，性能力是比較好一點，尤其串連廉貞祿 貪狼祿、天梁祿之類的，是不錯的。

學生乙：那廉貞和貪狼什麼區別？

周星飛：廉貞祿是肉慾，這個都知道。貪狼祿是腎功能強。

學生丁：如果這兩個星化忌了呢？

周星飛：化忌大概就對這方面，有二個偏差的行為：

a、完全不想或是太過執著。

b、衰退的快。

子女宮就是生殖系統，祿當然隨心所慾的多，權當然積極進取，科是文雅客氣，有計畫、按照計畫而來，忌就是缺少或是過頭。比如說，沒有就沒有，有的話，就會貪執、然後使用過頭，就退化了，

學生戊：科應該是有情趣的吧？

周星飛：是有這的意味。科，是客氣，文雅，忌就「亂」，或是沒有。

那還有一個「太陰祿」要講一下，太陰祿是癸水，對女性來說，就是潤滑液多，對男性來說，就是精液多。

學生己：太陰自化祿什麼樣的情況？

周星飛：看起來很多，可能第一次很多，後面就沒了。

學生庚：老師，串聯是指子女宮宮干的祿轉忌和忌轉忌是嗎？

周星飛：是。那其他的星性，太陽祿、武曲祿、巨門祿之類的解釋，我還真的不太明

白的，你們可以在看命盤的過程自己印證看看吧！

子女宮還有一種特別的意味，叫賀爾蒙，或是叫「性費洛蒙」，身上會有體味，比如說，女性，會有一種吸引男人的味道。男人對女性也一樣，這種「味道」，不一定會聞的到的，但是，的確在生物上，是存在這種東西的。所以，有些男性長的不好看，怎麼一堆女人在追求，也可能是這種東西的存在的，提供參考。

五、子女宮十四化

1、子女宮有祿：小孩緣好，對小孩比較多包容微笑。

2、子女宮有權：對小孩比較權威，小孩比較自信。

3、子女宮有科：對小孩比較文雅、斯文。小孩比較有禮貌。

4、子女宮有忌：對小孩比較「執著」或是「亂教」，小孩比較固執。

5、子女宮有祿的人，會覺得「生、養教小孩」很樂觀的。比如說小孩要出去玩，就會很放心的。像子女有忌的，就會跟前跟後的。

五、其他宮四化入子女宮、子女宮四化入其他宮的象義：（以忌為例）

（一）其他宮位化忌入子女宮，沖田宅宮大原則是：

慈悲心、影響子女，不收藏的意味、變動大、花錢多。

1、命忌入子女：當然是個性慈悲，愛小孩。

2、兄弟忌入子女：想創業跟人合夥。或是離家、下大本錢開店。

3，夫妻忌入子女：這個感情來說，一定以小孩為主。

4、子女自化忌：小孩、晚輩、親戚、合夥的事，都隨緣。

5、財帛忌入子女：錢都投入合夥，或是佈施多，沒存錢之象。有錢就花在小孩身上或是養寵物。

6、疾厄忌入子女：自己的健康的問題影響性能力。常常跑出家門出玩。家庭成員四分五裂，四散各地。

7、遷移忌入子女：對小孩，人際關係有些膽小、不善交際。或是常常無心之過，就沒錢了。或是不懂合夥經營，就虧大錢。

8、交友忌入子女：朋友讓我合夥產生虧損。或是合夥有人跟你競爭。合夥生意不好。或是合夥人有問題，吃定你的合夥。

9、官祿忌入子女：工作要想要留給小孩，或是工作常常不在家。

10、田宅忌入子女：家庭教育、門風是很慈悲的。為小孩多付出的。田宅忌出，可能搬家、買賣房子都很快的。門前比較狹窄，或是門前的風水不好，影響「子女」。

11、福德忌入子女：精神上慈悲，很重視慈悲喜捨。也可能很偏好性慾的。

12、父母忌入子女：父母讓我趕快生小孩。或是讀書多離家。

六、子女宮化忌入其他宮位的象義：

以子女的忌為說明，祿權科就以此類推。

1、子女忌入交友：這個合夥的口碑不好，或是生的小孩有問題，朋友都覺得小孩有問題。沖兄弟，投資合夥會讓我沒錢了，或是合夥結束，什麼都不剩，重頭歸零。

2、子女忌入官祿：小孩的工作會變成工作，容易以教育為工作。或是合夥會變成我的工作。

3、子女忌入田宅：生小孩，就會讓家裡經濟窮一點。或是家庭裡有問題。

4、子女忌入福德：小孩會讓我煩惱，或是我覺得小孩子很可愛，喜歡花錢在小孩身上。

5、子女忌入父母：跟小孩的問題，我就不想談，小孩的問題，低調不說。

6、子女忌入命：小孩的問題，有壓力，我放心裡面，沖遷移不對外說。

7、子女忌入兄弟：小孩的問題，會讓財庫很緊。沖交友，不對朋友說。

8、子女忌入夫妻：小孩的問題，常常會我的另一半不高興。或是小孩的問題，就要讓我的工作斷斷續續的，或是失業在家帶小孩的。

9、子女自化忌：子女自化忌：小孩、晚輩、親戚、合夥的事，都隨緣。

10、子女自化忌：花錢沒計較，不謹慎。不在乎，隨緣。

11、子女忌入疾厄：小孩的問題讓我的身體很忙，沖父母，不對長輩說。生小孩、懷孕也都不說的。

12、子女忌入遷移：我這個小孩的問題讓我很衝動，沒腦子。或是小孩就當宅男女、躲起來，或當家庭主婦、主夫。或是教養小孩的觀念，跟這個社會不一樣。

七、綜合：

任何宮位四化入子女、父母、交友，沖「田宅、疾厄、兄弟」都有變動、不守成之象。交友、子女、父母都是人際關係的宮位，都是一種競爭力的表現，比如說官祿跟交友子女父母交忌，工作上的競爭力就弱，比較容易自己獨立作業，或是常常犯小人換工作。

第十八課

宮位的解釋：夫妻宮

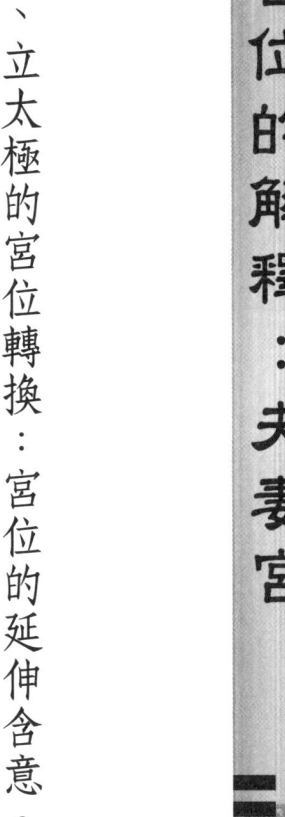

一、立太極的宮位轉換：宮位的延伸含意。

這個學起來，有很多宮位上的含意需要了解。

（一）以不同的宮位為太極點看夫妻宮：

感情，對象、老公、消化、吃喝、工作表現。（以夫妻宮太極點的轉換）。

1、夫妻宮是父母宮的子女宮。

2、夫妻宮是命宮的夫妻宮。

3、夫妻宮是兄弟宮的兄弟宮。

4、夫妻宮是夫妻宮的命宮。

5、夫妻宮是子女宮的父母宮。

6、夫妻宮是財帛宮的夫妻宮。

7、夫妻宮是疾厄宮的田宅宮：吃的能消化，不能消化、拉肚子，有沒有口福之一。

8、夫妻宮是遷移宮的官祿宮。

9、夫妻宮是交友宮的交友宮。

10、夫妻宮是官祿宮的遷移宮：工作表現。

11、夫妻宮是田宅宮的疾厄宮：田宅住的好不好，跟夫妻有關。

12、夫妻宮是福德宮的財帛宮：叫福分財。娶千金，嫁有錢人，就是大福報。

（二）以夫妻宮為太極點看不同的宮位：

1、命宮是夫妻宮的福德宮。

2、兄弟宮是夫妻宮的父母宮。

3、夫妻宮是夫妻宮的命宮。

4、子女宮是夫妻宮的兄弟宮。

5、財帛宮是夫妻宮的夫妻宮：另一半的感情位。

6、疾厄宮是夫妻宮的子女宮：另一半的子女宮。

7、遷移宮是夫妻宮的財帛宮：另一半的財帛宮。

8、交友宮是夫妻宮的疾厄宮。

9、官祿宮是夫妻宮的遷移宮：另一半的人際關係、待人處世。

10、田宅宮是夫妻宮的交友宮。

11、福德宮是夫妻宮的官祿宮：另一半的工作。

12、父母宮是夫妻宮的田宅宮：另一半的家庭。

二、宮位的含意：分狹義、廣義，跟上面說的延伸含意。

1、狹義的夫妻宮：字面上的含意——①夫：老公。②、妻：老婆。這個是最原始

的含意的夫妻宮：指「配偶、或是大老婆」。

2、廣義的夫妻宮：一切有緣的對象，談過的，結婚的，或是愛慕的，都可能可以算夫妻宮。

3、夫妻宮的延伸象義：感情，對象、老公、消化、吃喝、工作表現。

夫妻宮，感情的看法，談的對象，好緣壞緣、緣分長短、當貴婦、娶千金、小三，同性戀，不倫戀都可以試著看看的。

4、夫妻宮的細論用法：生年祿在夫妻宮，有幾個含意：

①老婆（另一半）的個性好。

②自己容易因異性獲福。

③福份財（福德的財帛）佳，容易有財。

④田宅的共宗六位（家庭和樂）。

⑤事業的遷移佳。在外的事業順利。

⑥交友的交友。好朋友多一點。

⑦遷移的氣數位。在外順利。

⑧疾厄的田宅（身體不錯）。

⑨財帛的福德。財富來的容易一點。

⑩子女的父母。當然是有好父母。

所以不一定另一半是有錢人。但是結婚會因為另一半而獲福！

5、有緣無緣、善緣惡緣的「感情事」，當然也包含：「自己想像的另一半」幻想的這種，未必是實體，想像的感情都算的，比如說：我喜歡志玲姊姊。她不是我的對象，也沒接觸過，這個都算「感情」，幻想出來的都算，連看愛情動作片之類的都算的，因為這個也是一種「感情」男女的情慾。

學生甲：我有喜歡霍建華，這個也算？

周星飛：算，剛才說的「泛指一切的感情事」，明白？動了男女之情都算的。

6、同性戀、多角戀、不婚，奇奇怪怪的戀：

夫妻宮飛化串連巨門忌、貪狼忌、文昌忌、文曲忌之類的，尤其忌入父母、交友、福德、田宅遷移之類的，都可能會有幾個情況：

a、結婚的對象有問題，同性，多角戀……等。

b、地下夫人、戶口有問題的。

c、偏房、側室。

d、一夜情的，感情放蕩之象。

e、感情上完全空白的，當宅男女的。

取其象義為「不得眾人、社會的認同」，如果再串連上巨門忌、廉貞忌之類的更容易官司啦，感情對象不詳之類的。

那最近在台灣吵很兇的，同志要結婚的這個事，對同志們來說，他或是她們的對象，都是「同性的」，但是也是「感情」。我算過同性戀的，從夫妻宮論「他的同志」，也是論的準的，因為這個就是他的感情觀、感情世界，廣義的夫妻宮，泛指一切的感情 不管異性戀或是同性戀，雙性戀、變態……等都是「戀」。

學生甲：泛指所有一切動之以情的都算……那喜歡動物呢？

周星飛：如果是「照顧動物」，那就不是感情了，養寵物，是子女宮的事。如果是跟動物結婚之類的，當然就是夫妻宮。因為「情」的不同，這些事必需要一個「通盤的解釋」，才有辦法解釋的。

7、比如說，同樣的命盤，有人是同性戀，有人不是同性戀？那怎麼解釋？

如果只是就單一命盤去扯淡說事，保證會被學生考倒的，如果老師硬要說人家是同性戀，那也是造口業的，因為人家明明就不是。所以，背命盤最怕遇到同樣的命盤，照著前面的解釋去說，就很容易套用，然後就「硬扣帽子」在後面的人身上，說：你一定是如何如何的，這個就落入死板的命理了，這樣子命理就不會進步了。

很多的老師最喜歡用一個命盤，然後就用自己的答案去解釋已知的事情，後面的學生就跟著背了起來，那就很容易走入死胡同裡了，命理就死掉了，所以，我教你們的一定先從大方向去下手，再從小細節去解釋，這樣子才不會讓你們學死命理。

8、地下化戀情的命理－夫妻宮忌入父母宮：

a、感情上是不想曝光的，怕見光死！

b、怕影響到「長輩的心情」，怕影響長輩，然後就有長輩的壓力，父母不同意就分手了！

c、另一半是命忌入父母，是孝順的，不苟言笑的、個性直率的。怕帶回家，惹長輩不高興。

d、可能另一半有什麼「見不得人」的事情，所以不想曝光！比如說另一半是一個「有官司、犯罪的」。尤其是遇到廉貞忌（囚星）、巨門（口舌、官非、是非星）更加明顯。

e、可能另一半跟命主的背景、條件差太多了，公主跟乞丐，門戶不對！

f、可能另一半跟命主不想去、或是無法去「登記」，成為「有名份的夫婦關係」！尤其遇到巨門（戶籍星）更加明顯。

g、夫妻串連巨門忌，就容易有不正常的對象，或是人倫混亂，比如說，沒名分的，或是當妾也可能，三房、四房。（巨門戶籍星。暗星。是非星）夫妻忌入田宅串連巨門忌，當人家的「地下老婆」也很正常的。忌入田宅，就會比較「長久」。

h、夫妻忌入父母的，離婚的也很容易，打離婚官司的，父母是政府單位、法律，名分位。

i、反過來能風光大嫁，通常就是夫妻祿入父母，或是夫妻祿入遷移，轉忌的時候，要逢其他宮位的祿來會，比如說田宅的祿，福德遷移的祿。

學生甲：什麼情況是小三可以轉正？

周星飛：比如說夫妻忌入父母，如果當小三的話，逢到「福德、遷移、田宅的祿，同星來會」就可能會有轉正之象。

9、忌入夫妻，沖官祿的解釋：含意有二：

(1)忌入夫妻，感情執著。

a、交友辛文昌忌入夫妻，因為「交友」的關係而重視感情。比如說，重視感情是因為朋友的影響。別人的一句話，就讓你的感情，產生執著。

b、也可能有人來「干擾」你的感情。比如說第三者，或是朋友一句話話，你們就吵架了。

(2)忌沖官祿：不想工作、工作表現不好、工作淡旺季很大，或是失業。

a、交友辛文昌忌入夫妻，沖官祿，由交友來的，讓你的工作被影響了。

b、比如說，朋友、同事的一句話，就讓你不想工作了，偷懶了。

c、同事讓你工作表現不好，扯後腿。

d、同事、顧客讓你的工作產生淡旺季，做做停停。

e、或是讓你失業。

10、娶千金，嫁入豪門

(1)夫妻祿入田宅，嫁了、娶了就能家庭有祿，也是旺家。

嫁給有錢人，也是正常的。如果，嫁給沒錢的呢？那婚後一樣也會有錢的。

(2)、夫妻的田宅，父母宮，夫妻的子女、疾厄宮。這二個有祿的話，也是一個會旺家的

紫微斗數命盤－飛星派

忌 ↖　　　　　　　　　　　　　　　　↗ 祿

廉貞 忌 貪狼 癸巳 36-45 子女宮	巨門 祿 文昌 忌 科 甲午 26-35 夫妻宮	天相 乙未 16-25 兄弟宮	天同 天梁 文曲 科 丙申 6-15 命宮
太陰 壬辰 46-55 財帛宮	辛亥年 男命		武曲 七殺 丁酉 父母宮
天府 辛卯 疾厄宮			太陽 權 戊戌 福德宮
左輔 庚寅 遷移宮	紫微 破軍 辛丑 交友宮	天機 右弼 權 庚子 官祿宮	己亥 田宅宮

另一半的。另一半的田宅有祿，能讓對方田宅也有祿，另一半的子女也有，也能有生兒子之象，容易增產報家。

(3)夫妻跟田宅、父母、遷移、福德交祿，交祿的過程有「田宅、兄弟」也很好。比如說遷移祿入田宅，轉忌入命，逢夫妻的祿來會。這樣也是可以「發財的」，因為串連「田宅」。

(4)能遇「貴夫、貴婦的命理」：父母宮、官祿宮、子女宮得祿權科，容易有貴夫、貴婦的另一半。(父母是夫妻的田宅；事業是夫妻的遷移；子女是夫妻的兄弟)。

(5)夫妻坐生年祿轉忌入a宮、逢福德、遷移的祿來會，福德、遷移坐生年祿轉忌入a宮，逢夫妻的祿來會。這個也容易有貴夫、貴婦的命格。二種是果報福報跟夫妻有關，最好a宮，是」田宅、兄弟、財帛「。交祿在田宅、兄弟、財帛。就會發大財的。

(6)夫妻坐生年祿，轉忌，逢父母宮、田宅祿來會，這個也容易有「貴夫、貴婦的命格」。也最好交祿在田宅、兄弟、財帛。夫妻坐生年祿，轉忌，逢父母宮的祿來會是臉上有光。容易出嫁風光！

11、少小限的命宮在夫妻宮，命宮無大限，夫妻宮為「少小限命宮」。

「第二大限前的所有年歲」皆寄於夫妻宮稱為「少小限」。其少小限宮飛化應回歸「父母宮」為立太極點，吉凶之應歸於父母宮而非本命宮。也就是說立太極點於父母宮，借父母之子女位夫妻宮設為「少小限」。

第三大限行夫妻宮，其飛化的吉凶之應是歸於本命宮為太極點，故此兩同宮的不同限，四化相同而吉凶各異。

比如說生年忌入夫妻或是生年忌入官祿，容易有下列情況發生：

a、命主小時候，如果被親生父母帶的話，容易有很多的問題。

b、被親生父母以外的人帶大。

c、認神明當義子、義女。

這個可以提供參考！忌入少小限跟沖少小限的情況。

少小限，是命宮＋命宮之前的年紀。命宮是六到十五歲，那少小限（夫妻宮）管的就是一到十五歲。

12、夫妻的忌，跟自化忌：

(1)命忌入夫妻，逢夫妻宮自化忌。

命忌入夫妻：對「感情執著」、「疼惜配偶」。

夫妻自化忌：對感情不堅持不在乎，常會忘了另一半。

綜合來說，對感情執著，但「沒有堅持到底」的決定。常「反覆」。一下子執著，一下子又不執著地放棄。命忌入夫妻：言你對感情執著。逢夫妻自化忌：你對感情也是有「不堅持的個性」，偶而會忘了老婆的存在。所以，你也可能常常是「專情一下子」。事過，就心無痕。

(2)夫妻宮甲廉貞祿入命宮，命宮丙廉貞自化忌。這個怎麼解釋呢？

a、人家對你示好，你「不想理」。

b、你也可能「來一個死一個，來二個死一雙」，船過水無痕！

c、緣分來了，沒感覺到，反應遲鈍。

d、來多少都無所謂。不怕吃不下，就怕沒得吃。

13、變瘦、變胖、減肥、增肥、消化不良、消化好。

(1)工作類：你會不會失業、會不會減肥。假設生年忌入夫妻踏到的時候：

a、容易沒飯吃或是吃不下飯就瘦了。以吃飯來說，結果就是沒吃，但是過程可能是不想吃或者沒飯吃，或是為了減肥一天一頓飯。或是上吐下泄也都會瘦了。

b、生年忌入夫妻沖官祿，以工作來說，結果就是沒工作，但是過程可能是沒工作，或是也不想工作。所以夫妻宮可以看「胖瘦」，看有沒有工作！任何一宮忌入夫妻都容易有上面的情況的！

（2）吃東西、胖瘦。

a、「吃飯吃得飽不飽」，福德是「享受」吃東西有「想法的」，先有「想法」再去吃東西，假設福德丙天同祿入疾厄，可能會「享用美食」，但沒有說「會不會吃飽」或是吃半飽或是吃一點點。

b、「胖瘦」，有祿就好消化，就容易胖。有忌就不好消化，塞住。拉、吐。疾厄忌入夫妻或是疾厄忌入官祿沖夫妻，都會有「瘦」的含意。

14、夫妻年紀大小的判斷原則。

年紀大小，容易跟「夫妻宮的四化」與「夫妻宮坐的星曜」有關。凡夫妻宮坐「天梁祿權科」星或「太陽」、「太陰」、「天機」、「巨門」等星曜化忌，生年忌或命忌、福德忌都可以，婚姻容易「老少配」。但對於大幾歲才算是「大」，男女是有差別的，如下說明：

a、女大於男：是男小於女即可，小一天，也算的。

b、男大於女：是一歲到三歲，這個是正常的，不算老少配。

巨門忌、太陰忌，天梁祿都容易相差在一到三歲。天梁祿，很容易差很多歲，至少五歲。雙忌，太陽雙忌、巨門雙忌，或是巨門忌太陽忌也容易相差很多歲。夫妻坐生年忌，轉甲太陽忌或是轉丁巨門忌也容易相差多歲。

c、年紀大的對象：巨門忌、太陽忌、太陰忌、天機忌、天梁祿。

d、年輕的對象：太陰祿、貪狼祿。

e、大小通吃：「廉貞祿忌」。

註：老少配是指女大於男，或者也可能是男大於女三歲以上者，都屬於此範圍。因此，論命時有時候需要猜測，但是猜測是有方向的。例如一男命，夫妻坐巨門生年忌，而後轉甲太陽忌。那麼你可以對命主說，「你容易大你配偶很多歲（五歲以上），也容易是你配偶比你大。」這樣用「容易」就比較有彈性，論命更趨於合理，命主也更接受。反之，論命如果過於斬釘截鐵，不富於彈性，那就很容易走進死胡同，讓自己腦筋糾結不清。

15、結婚、離婚。

a、閃婚

①閃婚通常大概有「夫妻的祿」，逢到「福德的忌」，或者福德、夫妻交祿容易

遇到滿意的另一半。

②遷移祿入夫妻的容易「閃電結婚」（遷移的祿會有意外的機會），夫妻祿入遷移是你的另一半容易令人羨慕的。夫妻跟遷移的祿交會會有以下特點：容易會快速結婚，容易會遠方的老公、老婆，不缺異性緣，永遠有備胎的。

b、正式婚姻：結婚的話，父母、田宅、夫妻為主，如果有這三個的組合或任二個的組合婚姻會比較「長久一點」，化權跟化祿也可以的，權是「積極因」；祿是「圓滿因」。

①命祿入夫妻，父母化權來會，是「長輩的壓力」，或是公證結婚。

②或夫妻化祿入子女逢父母、田宅的權來會，也是類似因家庭長輩壓力而結婚。

c、被騙結婚，所謂的「昏的婚」。

當然也有的結婚不一定只跟夫妻、父母、田宅有關的，有些就是遷移、福德與夫妻有關。「結婚的理由」千百萬種，還有可能被騙的婚姻，像遷移、交友丁巨門忌入夫妻，這個也可能被設計的婚姻，結婚不見得都是「快樂的」。如果看到「官祿、交友、遷移」是忌入夫妻的，這個就要小心會有第三者介入感情，或是「被騙感情的」情況，尤其是牽扯到「巨門忌」、「廉貞忌」、「貪狼忌」，這個更容易是「被設計」的感情。

d、田宅、父母、夫妻破的很嚴重的話，婚姻就不會太長，或「婚姻的時間長但是品質不好」。

f、多忌入夫官線上，也是一種婚姻不長久之象。

e、閃婚也是，福德的忌＋夫妻的祿就容易閃婚。因為忌就是餓狗，抓到祿就會狠咬。

16、轉換宮位的連想：

a、夫妻宮有忌沖，官祿工作、做做停停，不喜歡工作太複雜、要簡單的工作，或是喜歡接案式的工作，保險、業務，或是失業在家、或是當家庭主婦、主夫。

b、夫妻宮有忌，另一半的命宮有忌，就容易交到比較固執的對象。

c、夫妻宮是疾厄宮的田宅宮：夫妻宮有生年忌，就會容易餓肚子、不吃東西、耐餓、多吃就拉肚子，或是便祕不消化。

三、夫妻宮＋星性：感情的特點之一，就可以參考星性。

(1)武曲：化祿，感情氣氛圓融。化權忌，剛硬。

(2)天機：化祿權科，感情和樂。化忌，是另一半、或是感情事容易腦袋打結。

(3)貪狼：另一半喜歡是藝術、廚藝、某種專業技能，喜歡山醫命卜相。貪狼忌，山醫命卜相容易走歪，或是學錯。愛喝酒、有壞習慣。

(4)廉貞：祿是感情的對象喜歡演藝、偏財、美術，化裝品、金飾、珠寶、會發亮。廉貞忌，可能容易走入偏門、酒色財氣。信仰：狐仙、或是走什麼養小鬼之類的。或是感情上要持戒、慎重。

(5)天相：是宰相位，另一半就霸氣一點。

(6)破軍：化祿權，另一半自視甚高。

(7)太陰：石化，美學。太陰祿是白蕾絲之類的。另一半容易很白淨的。太陰忌：另一半容易有潔癖了，有點病態了，或是感情有潔癖。

(8)巨門：巨門祿權，另一半容易是喜歡說話、巨門忌，另一半容易多是奇怪的問題，比如說感情不正常。另一半有些奇怪的舉動。

(9)天梁：化祿權，另一半容易老大心態。自視甚高。

(10)太陽：太陽化祿權，另一半比較博愛的。化忌，就不博愛了。

（11）七殺、武曲、天梁：化權，另一半容易自視甚高，霸氣、殺氣。

（12）文昌、文曲：化科另一半容易藕斷絲連，化忌，另一半想法多、鑽牛角尖去了。

（13）左輔、右弼：化科，另一半多想幫助人，或是多是輔助的人材，為人客氣。

用夫妻宮裡坐的星曜或是看看夫妻宮干的四化來看感情，有時候準，有時候不準了，都沒關係的，累積經驗而已。

四、夫妻宮＋四化：

1、夫妻宮有祿：容易對感情「博愛」包容對方，對每個異性都很好，對老公或是老婆，也會多體貼包容。

2、夫妻宮有權：容易對感情有控制慾，或是另一半比較強勢，比如說你會對老公管很多，去那裡，做什麼，找誰，就會控制。命盤是男的，就會有『大男人主義』的傾向。

3、夫妻宮有科：對感情很文雅、客氣、感情上拖拖拉拉，提不起放不下，藕斷絲連。比如說，夫妻宮有科的，多半容易舊愛未斷、新歡又來，糾纏著。

4、夫妻宮有忌：對感情執著，有責任感、專一，不離不棄，有壓力。另一半固執。

五、其他宮四化入夫妻宮、夫妻宮四化入其他宮的象義：（以忌為例）

（一）其他宮位化忌入夫妻宮，沖官祿宮大原則是：

影響感情，影響胖瘦、影響工作的表現。

1、命忌入夫妻：當然是個性對感情執著。

2、兄弟忌入夫妻：想創業，就辭職，或是創業的工作，不要天天上班，接案式工作。

3，夫妻自化忌：對感情來說，都隨緣。

4、子女忌入夫妻：小孩、小輩、親戚、讓我的另一半不高興，或是讓我的工作起伏很大。

5、財帛忌入夫妻：錢的問題，讓我的另一半不高興。因為錢的問題，就辭職不幹。

6、疾厄忌入夫妻：自己的健康的問題變胖變瘦了。或是工作的環境差，就辭職不幹。

7、遷移忌入夫妻：對小孩，感情關係有些膽小、不善談感情。或是常常無心之過，就沒做做停停。

感情了。或是不懂泡妞、泡帥哥。或是容易感情上被騙，被利用，被劈腿。遷移忌入夫妻，外在影響你的感情。

8、交友忌入夫妻：朋友讓我感影響。有人介入我的感情。從朋友變感情，或是一句話，就影響我跟另一半的關係。朋友、同事影響我工作的表現，讓我失業。

9、官祿忌入夫妻：工作想要單純一點，或是工作辭職得快。工作影響感情。

10、田宅忌入夫妻：家庭教育、門風是很重視感情的，為另一半多付出的。家庭的人，容易早早就退休，或是叫你別做那麼辛苦，或是家裡的風水，影響工作的穩定。

11、福德忌入夫妻：精神上很重視、挑剔感情的。沖官祿，情緒一來，就不幹了。

12、父母忌入夫妻：父母讓我趕快結婚的，或是工作不要太累。或是被公司炒魷魚，失業了。

六、夫妻宮化忌入其他宮位的象義：

以夫妻的忌為說明，祿權科就以此類推。

1、夫妻忌入交友：這個人的感情上的口碑不好，或是談的對象有問題，朋友都覺得這個對象有問題。沖兄弟，可能會分床分房分隔二地。感情分手後，重頭歸零。

2、夫妻忌入官祿：感情的對象跟你一起工作。夫妻忌出，分手也是很快速的。

3、夫妻忌入田宅：談感情，就是以成家為目標。另一半很顧家的，或是感情讓家庭裡有問題。

4、夫妻忌入福德：感情會讓我煩惱，或是睡不著，喜歡花錢在感情對象身上的。

5、夫妻忌入父母：感情的事，不想談，低調不說。

6、夫妻忌入命：感情的問題，有壓力，我放心裡面，沖遷移不對外說。

7、夫妻忌入兄弟：感情的問題，會讓我財庫很緊。或是談感情就是要睡在一起，沖交友，不對朋友說。

8、夫妻自化忌：夫妻自化忌：對感情來說，都隨緣。

9、夫妻忌入子女：談感情，就是為了要生小孩，或是感情、結婚是會離家的。

10、夫妻忌入財帛：談感情是以現實為考慮的。沖福德，不在乎心靈契合的問題。有錢就好。

11、夫妻忌入疾厄：感情的問題讓我的身體很忙，沖父母，不對長輩說。

12、夫妻忌入遷移：感情的問題讓我很衝動，沒腦子。或是感情的問題就會讓我當宅男女，躲起來。

或是談感情的對象、方法，跟這個社會不一樣。會離經叛道。感情的事、很直率，愛就愛、恨就恨，不理會世俗之見，逆著社會的規範而行，比如說愛上不能愛的人，愛上殺人犯或是有夫之婦也可以愛的，只要我喜歡，沒什麼不可以的，通常就是夫妻忌入遷移，所謂的「離經叛道」就是這樣子的，忌入遷移其中的解釋之一就是離經叛道、逆社會而作。任何宮位忌入遷移，該宮都有點反社會人格。

七、加強解釋：

1、夫妻自化忌：對感情隨緣、感情不堅持，比如說夫妻宮有自化忌的，問他要娶a女或是b女，他會說「都可以」無所謂，老婆去那裡了？不知道？要分手？隨便。任何宮位的自化忌，都有「隨緣，不堅持」的態度。

2、夫妻忌入財帛、兄弟、田宅：娶了對象的目的，就是要「現實考慮」，考慮麵包，不考慮愛情，沖福德，不重「享樂」，只重實際。兄弟、財帛、田宅這幾個宮位都是跟錢有關的宮位。

3、夫妻忌入交友：感情的事會讓朋友有意見，沖兄弟，可能會分居二地，分房分床……等，夫妻忌入交友，比如說交到年紀小的對象，朋友都說：有異性，沒人性，對你就會產生「微辭」，或是交到年紀特大的也可能，總是朋友會說閒話。沖兄弟，因為兄弟是「床位」，所以可能睡在一起的時間就不多了，或是分居二地，偶而睡一起。或是結了婚之後，沒幾年就分房睡了。

4、夫妻忌入官祿：感情的事會讓你「忙於工作」、沖夫妻，分手就會很快速、不回頭，比如說你的另一半會把「工作丟給你來幫忙作」，因為有了感情，你的「工作就加重了」。夫妻「忌出」官祿是「忌入對宮」，任何的宮位忌入對宮，都叫忌出，都有一種一去不回頭之象」。所以，夫妻忌入官祿，分手就不回頭的，你的另一半說「對不起，我要到外地工作了，你跟就分手了。」另一半的個性是「命忌入官祿」，他愛工作勝於愛你。

5、夫妻忌入田宅：感情的事會讓你不安於家庭，或是感情的事會引起家庭失和，沖子女。另一半說，沒錢就不生小孩，或是就把小孩拿掉。

6、夫妻忌入福德：感情的事會讓你吃不下，睡不著，失眠、晚睡，沖財帛，就會多花錢。任何事，忌入福德，都會產生情緒上的苦悶，煩惱，睡不著，失眠之象，然後會很挑剔，比如說：夫妻忌入福德，這種挑對象，一定有「特別的偏好」，未必一定是世俗的白富美或是高富帥這種標準的。比如說，有的人喜歡胸大，有的人喜歡臉美、或腳長……等，有所偏好的。

7、夫妻忌入兄弟：兄弟宮還有床位之意，比如說，有的很在意床上功夫好不好，通常可能跟夫妻、兄弟有關的。有一種飛化：命丙廉貞忌入兄弟，逢夫妻甲廉貞祿來會，這種飛化多半很喜歡玩「房中術」，師公的六七二象裡都會寫到，兄弟宮就是夫妻房間的情趣位，就是這個道理。

8、四化入夫妻，就會影響夫妻宮的變化，愈多的星在夫妻宮，夫妻宮產生的變化就愈多。比如說，一下子「祿入夫妻，一下子權入夫妻，一下子科入夫妻，一下子忌入夫妻，那夫妻宮的變化就很多了，跟春夏秋冬一樣，感情上洗三溫暖，上沖下洗。

第十九課

宮位的解釋：兄弟宮

一、立太極的宮位轉換：宮位的延伸含意。

這個學起來，有很多宮位上的含意需要了解。

（一）以不同的宮位為太極點看兄弟宮：

以兄弟宮太極點的轉換。

1、兄弟宮是父母宮的夫妻宮：父親的「夫妻宮」所以叫「媽媽」，媽媽的宮位。

2、兄弟宮是命宮的兄弟宮。

3、兄弟宮是兄弟宮的命宮。

4、兄弟宮是夫妻宮的父母宮。

5、兄弟宮是子女宮的福德宮。

6、兄弟宮是財帛宮的田宅宮：財庫位。

7、兄弟宮是疾厄宮的官祿宮：中氣十足，或是中氣不足的氣。元神。

8、兄弟宮是遷移宮的交友宮。

9、兄弟宮是交友宮的遷移宮：兄弟宮是你「對待朋友的情況」

10、兄弟宮是官祿宮的疾厄宮：真正自己的事業，叫創業。

11、兄弟宮是田宅宮的財帛宮：整個家庭、家族的金錢狀況。

12、兄弟宮是福德宮的子女宮。

（二）以兄弟宮為太極點看不同的宮位：

1、命宮是兄弟宮的父母宮。

2、兄弟宮是兄弟宮的命宮。

3、夫妻宮是兄弟宮的兄弟宮。

4、子女宮是兄弟宮的夫妻宮：兄弟的感情對象。

5、財帛宮是兄弟宮的子女宮。

6、疾厄宮是兄弟宮的財帛宮：創業運作的現金流量。

7、遷移宮是兄弟宮的疾厄宮：真正有成就的實際顯現。

8、交友宮是兄弟宮的遷移宮：成就位表現在交友之上。

9、官祿宮是兄弟宮的交友宮。

10、田宅宮是兄弟宮的官祿宮。

11、福德宮是兄弟宮的田宅宮：創業的收藏宮。媽媽、兄弟的家庭。

12、父母宮是兄弟宮的福德宮。

二、宮位的含意：分狹義、廣義，跟上面說的延伸含意。

1、狹義的兄弟宮：字面上的含意①兄：兄長。②弟：弟弟。這個是最原始的含

意。指「我的兄弟姊妹」：這個應該全名叫：兄弟姊妹宮才對的。當然以前的人都會從這個兄弟宮，看「多少兄弟姊妹」。

2、廣義的兄弟宮：除了親生的兄弟姊妹之外，可能結拜的兄弟姊妹也可以這樣算。

3、兄弟宮的延伸象義：財庫、創業、中氣、床位……等。

（1）兄弟宮，是媽媽的宮位。

夫妻的父母宮是兄弟宮，所以是「公公或是岳父」的宮位，或是夫妻的「姊妹」的宮位。

夫妻的兄弟宮是子女宮，所以是「婆婆或是岳母」的宮位，或是夫妻的「兄弟」的宮位。

（2）兄弟宮的演算法：

兄、哥哥。弟：弟弟。怎麼沒麼姊妹？其實兄弟宮也是隱含「兄弟姊妹」的意義的，我想可能是字面上塞不下了，才用「兄弟」宮。

親兄弟的演算法：命主佔命宮，大哥（或大弟）佔兄弟，二哥（二弟）佔夫妻宮，三哥（三弟）佔子女宮，以此類推。

親姊妹的演算法：命主佔命宮，大姊（或大妹）佔父母，二姊（二妹）佔福德宮，三姊（三妹）佔田宅宮，以此類推。

（3）兄弟當然是「親兄弟」。但是，現代社會有時候太複雜的，父母、都是再婚的，像父親先跟前妻生甲男：屬馬。母親跟前夫生一個乙男：屬羊。然後再一起生一個屬雞：丙男，三個都是男的。以屬雞的這個的命盤來看，他自己佔命宮，那可能乙男屬羊的哥哥佔「兄弟宮」；甲男屬馬的就佔「夫妻宮」，畢竟這個是乙男、丙男是親生兄弟，甲男是婚姻之下的兄弟。

a、兄弟可能「丁巨門忌入父母、遷移、田宅」之類的，又串連福德、父母的交忌，這樣子多忌就很可能有同父異母、同母異父的兄弟姊妹的。

b、通常家庭很複雜的人，田宅、福德遷移夫妻之類的，可能有交忌，然後再串連「巨門忌、文昌忌」之類的。巨門忌「怪異的組合」，文昌忌「姓氏、牌位上的問題」。

（4）兄弟宮也是媽媽的宮位。

父母宮指「親生父親」，兄弟宮是親生的母親。這個指親生的為主。

萬一不是現在的父母，不是親生的父母：

a、親生的母親還是在兄弟宮，現在的媽媽是繼母，可能是父親的二婚位，就在「夫妻宮」（父母宮的子女宮）。

b、親生的父親還是在父母宮，親生的母親在兄弟宮，那繼父就在媽媽的夫妻宮，就在子女宮。（兄弟宮的夫妻宮）。

c、如果二個都不是親生的，可能就還是會用「父母宮代表養父，兄弟宮代表養母的」。

學生甲：那我爸外面的女人算？

周星飛：夫妻宮是一個人一輩子的感情，所以也可能佔父親的夫妻宮（兄弟宮）。也可能佔父親的二婚位（夫妻宮）。

學生乙：老師，我父親三婚，第三個就是子女宮對嗎？

周星飛：父親一婚在兄弟，二婚在夫妻，三婚在子女。

（5）兄弟宮是「疾厄宮的官祿宮」，是「中氣位」，氣數位、元氣位、中氣位。中氣足或是不足就是看兄弟宮。所以兄弟宮有忌的人，就容易「中氣不足」，胸口的那一口氣都吸不上來，講話沒力氣、虛，有氣無力。可以參考「氣生死訣的交友宮，忌入交友，沖兄弟，說的就是一口氣上不來，什麼都歸零，重頭開始。

兄弟宮有祿權的，就是中氣足，就容易「胸部大」，不是罩杯大，別想錯了。在相學裡有一個「虎背熊腰」，就是講兄弟宮有祿權，胸部很厚實。屬於能力強、戰鬥力強，有領導統馭的能力，容易出人頭地。

學生甲：廉貞祿在遷移就杯大？

周星飛：不是，杯大要串連子女、疾厄、兄弟＋桃花祿：廉貞祿肉感、太陰祿白，貪狼祿有氣質。

(6)兄弟宮是交友的遷移，所以兄弟宮有祿的人交的朋友，也容易「遷移有祿」，即朋友在外面多半混的不錯。

兄弟宮是官祿宮的「疾厄宮」，引申為「創業：創造自己的實業，所以兄弟宮有祿的，就容易「創業」，或是容易居高位、混的好。

兄弟宮是「田宅的財帛宮」，兄弟宮有祿的，等於「田宅的財帛有祿」，家庭、家族的人容易「口袋有錢」或是容易作生意。

（7）富貴格局：

a、富：以「田宅、兄弟、遷移、財帛」為主。

田宅、兄弟坐偏財星（廉貞祿、貪狼祿、破軍祿）生年祿、命祿。

田宅、兄弟跟遷移交祿其中飛化過程有「廉貞、貪狼、破軍」。

田宅跟遷移交破軍、天梁祿權。（田宅癸破軍祿，遷移甲破軍權、田宅壬天梁祿、遷移乙天梁權）之類。

b、貴：以「遷移、兄弟、交友、父母」為主。

遷移、兄弟坐偏財星（廉貞祿、貪狼祿、破軍祿）生年祿、命祿。

兄弟跟遷移交祿其中飛化過程有「廉貞、貪狼、破軍」。

父母、交友跟遷移交破軍、貪狼祿權。（交友癸破軍祿遷移甲破軍權、交友戊貪狼祿、遷移已貪狼權）之類。

c、命盤這個我的親人：生年甲廉貞祿入兄弟，兄弟甲廉貞自化祿，命乙天機祿入遷移，轉巳文曲忌入兄弟。遷移，兄弟見多祿權：

①遷移巳貪狼權入父母，逢交友戊貪狼祿來會，轉丙廉貞忌入兄弟，又逢生年甲廉貞

祿，兄弟甲廉貞自化祿，轉甲太陽忌入官祿宮，逢疾厄庚太陽祿來會，轉丁巨門忌入福德，逢財帛辛巨門祿來會。

②命乙天機祿入遷移，轉己文曲忌入兄弟；我這個親人長的虎背熊腰，因為兄弟宮多祿，中氣十足。兄弟遷移都有祿，很容易出人頭地。所以，上面說的遷移兄弟有見祿，容易貴象，社會地位高、混的好。

（8）兄弟宮有忌：

還有忌入兄弟，是說要創業，這種忌就會很執著，然後就會忙的「氣虛」，沖交友，就朋友少往來。所以這種人創業愈久，愈沒有「朋友」，愈是中氣不足、累的半死。

反之，兄弟宮有祿權的容易創業成功，有忌的容易失敗，但是會一直想創業、不死心、

天機 祿 己巳 遷移宮	紫微 科 庚午 疾厄宮	左輔 右弼 辛未 財帛宮	破軍 權 壬申 子女宮
七殺 文昌 56-65 戊辰 交友宮	甲子生 男命		癸酉 夫妻宮
太陽 忌 天梁 權 丁卯 官祿宮			廉貞 祿 天府 文曲 甲戌 兄弟宮
武曲 科 天相 丙寅 田宅宮	天同 巨門 丁丑 福德宮	貪狼 丙子 父母宮	太陰 乙亥 命宮

忌 權

忌

人生不甘心於平淡一生。

（9）兄弟宮是，也就是「主臥房」、「床」位。

兄弟宮交友宮有忌的人、夫妻容易分房分床分居。常常「床位沒有伴一起睡」，或是「閨房情趣少樂」，身體不好了，中氣虛，當然就不熱絡了。或是常常出差，不在家裡睡。或是另一半打呼聲大，不想一起睡，就分房睡。或是創業很累很忙。回家就睡覺。就自己睡了。

但兄弟有忌，跟生小孩沒什麼關係的。也跟性不性趣，也沒有什麼關係的。只是代表，可能會有常常沒有人一起睡之象。或睡了也沒有樂趣。

有一種特例：命福德丙廉貞忌入兄弟者，或是疾厄丙廉貞忌入兄弟、逢夫妻、交友甲廉貞祿來會之類的。

都可能有類似的喜歡練房中術之象、或是能增加情趣的運動都算是。兄弟有忌，容易床頭覺得寂寞孤單。廉貞忌串連兄弟宮，特別容易有這種情況。

三、兄弟宮十星性：

創業，或是體質的特點之一，就可以參考星性。

（1）武曲：金屬行業、金融。化祿權，胸口中氣足，骨架大。化忌，肋骨有問題，臉部骨頭、門牙有問題。

（2）天機：化祿權科，計算、企劃行業。化忌，禿頭。關節痛。

（3）貪狼：化祿權喜歡是藝術、廚藝、某種專業技能，喜歡山醫命卜相。貪狼忌，山醫命卜相容易走歪，或是學錯。愛喝酒、有壞習慣。化忌，容易脊椎不正，駝背。

（4）廉貞：化祿是喜歡演藝、偏財、美術，化裝品、金飾、珠寶、會發亮。廉貞忌，可能容易走入偏門、酒色財氣、容易中氣不足就發炎。化祿忌，都可能喜歡床上樂趣。

（5）天相：創業就霸氣一點。

（6）破軍：化祿權，創業容易想得大，自視甚高。中氣十足。

（7）太陰：石化，美學。太陰祿是白蕾絲之類的。容易賣衣服、旅行相關。太陰忌：房間容易有潔癖。

（8）巨門：巨門祿權，創業容易是喜歡說話。巨門忌，創業容易多是奇怪的行業，看過一個巨門忌太陽忌的，是幫往生者化裝的。

(9)天梁：化祿權，生意上要做最好的，老大心態。自視甚高，中氣十足。

(10)太陽：太陽化祿權，容易從事政治活動，或是網路相關。

(11)七殺、武曲、天梁：化權，創業容易是比較打打殺殺的，勞動筋骨的。殺氣、正骨、國術館、武道館。

(12)文昌、文曲：化科，創業以文字、畫圖、設計為主，化忌，神經痛。

(13)左輔、右弼：化科，容易做祕書的行業。

用兄弟宮裡坐的星曜或是看看兄弟宮干的四化來看創業、工作，有時候準，有時候不準，都沒關係的，累積經驗而已。

四、兄弟宮十四化

1、兄弟宮有祿，照交友。兄弟宮有祿，對自己的兄弟包容，照交友，對朋友也很好。

2、兄弟宮有權，照交友。對自己的兄弟「控制、管理」，權照或是權沖交友，對朋友就多「霸氣」、威嚴。

3、兄弟宮有科，照交友。對自己的兄弟「客氣、有禮」。科照交友，對朋友就多客氣、有禮。

4、兄弟宮有忌，沖交友。對自己的兄弟「嚴格、或是多關心」。忌沖交友，對朋友就「分三六九等」、看人多現實。

5、一般來說：祿權科用照，忌用沖，那也有權沖交友，忌沖交友，都可以。權沖、權照都可以用，都是同義而名異，只是名稱不同而已。

五、其他宮四化入兄弟宮、兄弟宮四化入其他宮的象義：（以忌為例）

（一）其他宮位四化入兄弟宮，以忌為主。

忌入兄弟，想創業、花錢，不對人說、對人冷淡。

1、兄弟宮自化忌：對成就不在意，待人也多「隨緣」。

2、夫妻忌入兄弟：我的老婆喜歡創業或是野心大。或是重視房間情趣。或是分房分床睡。

沖交友，不對朋友說。

3、子女忌入兄弟：我的小孩、合夥喜歡創業或是野心大，沖交友，不對朋友說，或是不想說，對人分三六九等。

4、財帛忌入兄弟：我賺錢就是為了要創業或是想做大事。沖交友，就會「一毛不拔」。或是為了錢把朋友分三六九等。

5、疾厄忌入兄弟：我的健康就是一生病，就容易氣虛。沖交友，就一生病就會競爭力變弱，動都不動。

6、遷移忌入兄弟：我在外面的「待人處世」EQ，可能沒判斷清楚，就一直想著要創業。沖交友，這種創業，就可能自己想法「脫離現實或自己判斷錯誤」，悶著頭幹，當然人生就一直沒競爭力。

7、交友忌入兄弟：我的朋友，都喜歡要創業。或是交友都喜歡「佔我便宜」。交友忌入兄弟，也容易「快速的佔我便宜」。回沖交友，他們會影響我，然後就會排外、排除異己。

8、官祿忌入兄弟：我的工作，就想要創業。沖交友，喜歡獨立工作，不想對朋友說。

9、田宅忌入兄弟：我家族的人想要創業。或是叫我要創業。沖交友，會把朋友分三六九等。或是你的家庭來朋友，一定是有用的，才會來你家的。

10、福德忌入兄弟：我自己的想法想要創業。沖交友，會把朋友分三六九等。

11、父母忌入兄弟：我自己的父母想要創業或是讓我創業。沖交友，會把朋友分三六九等。

12、命忌入兄弟：我自己的個性很想創業，沖交友，就容易把朋友分三六九等。

如果講讀書的話，就是自己讀，不跟別人一起讀。

（二）兄弟四化入其他宮：

1、兄弟宮自化忌：對成就不在意，待人也多「隨緣」。

2、兄弟忌入夫妻：我的兄弟執著感情，沖官祿，工作做做停停。或是「我如果創業了，就不會天天要上班」。兄弟是講「創業」，忌入夫妻，沖官祿，就不會「一直天天工作著」，想做就做，不想做就休息的那一種。就像很多人做微商一樣，有做就做，沒事就休息。反正什麼工作上的事，忌入夫妻，沖官祿，就一定不會天天工作。

3、兄弟忌入子女：我的兄弟執著「子女」，沖田宅，就可能會離家。工作也會離家在外，或是多「合夥」。

4、兄弟忌入財帛：我的兄弟「愛錢」，沖福德，不重視精神信仰，或是我的創業「多做現金生意」。

5、兄弟忌入疾厄：我的兄弟多「運動、勞動」，或是我的創業也容易是一種「體力活」。

6、兄弟忌入遷移：我的兄弟容易「往外跑」，或是我的創業也容易「向外發展」。兄弟祿入疾厄，也是多運動，但是一定是慢慢動，祿不會太勞累的。

7、兄弟忌入交友：我的兄弟多重情義，或是我的創業也容易跟人有關。或是我的創業可能也很快就結束了。忌出，就有放棄之象。

8、兄弟忌入官祿：我的兄弟都喜歡去上班，或是我的創業也容易天天上班。沖夫妻，就不會重感情了。

9、兄弟忌入田宅：我的兄弟都很顧家，沖子女，就不往外跑了或是對小孩很嚴肅。或是我的創業也是穩紮穩打型的。沖子女也不喜歡合夥。

10、兄弟忌入福德：我的兄弟都重視自己的想法，沖財帛，也容易亂花錢，重享受。或是我的創業也是做我想做的。沖財帛，不重視現實面，不做現實的考慮。

11、兄弟忌入父母：我的兄弟都孝順，愛讀書；沖疾厄，個性也很急躁。沖疾厄，就容易換工作地點。比如說就像開著車到處擺攤、流動咖啡車，或是擺地攤。或是我的創業也是容易低調的工作，或是有點非法的。

12、兄弟忌入命：我的兄弟都很固執。或是讓我心裡煩。沖遷移，有苦就不對外說。或是我的創業，也是很辛苦，不對外說。

第二十課

宮位的解釋：命宮

一、立太極的宮位轉換：宮位的延伸含意。

這個學起來，有很多宮位上的含意需要了解。

（一）以不同的宮位為太極點看命宮：

1、命宮是父母宮的兄弟宮：父親的兄弟，大伯、叔叔。

2、命宮是命宮的命宮。

3、命宮是兄弟的父母宮。

4、命宮是夫妻宮的福德宮。
5、命宮是子女宮的田宅宮：小孩的房間位。
6、命宮是財帛宮的官祿宮。
7、命宮是疾厄宮的交友宮。
8、命宮是遷移宮的遷移宮。
9、命宮是交友宮的疾厄宮。
10、命宮是官祿宮的財帛宮。
11、命宮是田宅宮的子女宮。
12、命宮是福德宮的夫妻宮：爺爺的對象，是奶奶。

（二）以命宮為太極點看不同的宮位：

1、命宮是命宮的命宮。
2、兄弟宮是命宮的兄弟宮。
3、夫妻宮是命宮的夫妻宮。

4、子女宮是命宮的子女宮。
5、財帛宮是命宮的財帛宮。
6、疾厄宮是命宮的疾厄宮。
7、遷移宮是命宮的遷移宮。
8、交友宮是命宮的交友宮。
9、官祿宮是命宮的官祿宮。
10、田宅宮是命宮的田宅宮。
11、福德宮是命宮的福德宮。
12、父母宮是命宮的父母宮。

二、宮位的含意：分狹義、廣義，跟上面說的延伸含意。

1、命宮，說簡單也很簡單的宮位。

十二宮裡一開始講父母、田宅、兄弟、福德、夫妻，這十一個宮位都是二個字。唯有「命」

宮是一個字。我也不知道祖師爺怎麼寫這個宮位的。只能就我的理解跟大家解釋。

2、命宮的解釋：

(1)宮位可以代表人。就可以借你的命盤來看親朋好友的事。

a、奶奶就是爺爺的夫妻宮就是命宮。

b、我是男的在命宮，老婆在夫妻宮，老婆的父親在兄弟宮，岳父，老婆父親的父親在命宮，外公。

c、我的媽媽在兄弟宮，那媽媽的爸爸在命宮，叫姥爺。外公。

d、代表房子就是子女的田宅等於小孩的房間。每一個宮位都是其他宮位的田宅宮。

e、命宮是夫妻宮的福德宮，命宮有祿等於另一半的福德宮有祿；命宮有祿，等於小孩的田宅宮有祿。田宅宮有祿也會物質生活好，家庭和悅。

(2)命、財、官來論工作、賺錢是有道理的：

命財官三方是一體的，這個就比較好解釋了。命宮是財帛宮的官祿宮，命宮是官祿宮的財帛宮。有人用命宮來論財官的事，也許還是比較準一點。但是用命宮來論長相、身高、體重之類的，準確度就差多了。道理可能在這裡。

畢竟長相、身高、體重可能跟父母、疾厄相關。也不見得跟命宮有關的。就像說命宮有天同、天梁多半是醫生、護士、藥師之類的。或是在財帛、在官祿有天同、天梁也是如此。

我自己也是推拿、正骨的工作，也算醫的。我也看過跟我類似的命盤也是醫生的。這個是有點道理的。

（3）現在這個社會比較複雜，職業的類型太多，在二百年前還在有皇帝的時代，可能全國的人有百分之五十是吃皇糧的，政府人員是很多的。但是現在來可能政府人員並沒有那麼多，所以以前古書說「機梁為史人」就說命宮是機梁的是公務員。現在的社會就不一定了。這個還是有社會上的變化。但是，不去吃公家飯，就很可能去大企業，這個是很有可能的。國家跟大企業，有時候也是可以類比的。

很多的老師只教古書上的，那就很容易產生失誤的，畢竟每個時代都有不一樣的發展的。就像有錢的概念，比如說在非洲有個一萬美金就可能很富有了。在美國可能要一百萬美金才算富有。所以數字上的絕對值、相對值也是要算一下的。畢竟在不同的地方，數字的大小，有時候也不能比較的。

（4）生年四化跟命宮四化有類似的解釋：

a、生年忌入夫妻，跟命忌入夫妻，有類似的解釋：都會對感情有執著之意；也一樣會沖官祿。只不過差別在於生年忌在夫妻不用相應，隨時都沖。命忌入夫妻，要相應才會沖。命忌入夫妻（大限命）叫相應。

b、還一個差別就是生年忌入夫妻，這個就容易遇到難處理的感情，或是要加倍付出的感情，或是折磨你的感情，就像說如果老公生病了，不離不棄，也大概就是生年忌入夫妻的人會做的事，或是老公劈腿了，又被原諒了，也很容易是生年忌入夫妻的人。為何？欠債而已！但是命忌入夫妻就不一樣了，這個可能相應的時候，才會不離不棄，才會原諒對方。不相應的時候，大概就沒這麼堅持。

所以生年忌跟命忌有類似的情況。但是還是有點差別的。

（5）命忌跟福德忌的差別，差別在於偏執。

命忌入夫妻講的是執著感情，不帶情緒、偏好；福德忌入夫妻也是執著感情，但是會帶情緒、偏好。所以，命宮基本上不帶那麼嚴重的情緒問題；福德宮就會帶很嚴重的情緒問題。二者都是執著，但是有程度上的差別。所以福德的忌就帶有「愛之欲其生、恨欲其死」愛恨分明之象。

三、命宮＋星性：一般來說星事用在職業、疾病比較準。

命、財、官事一體的，就可以參考官祿、財帛跟星的用法。

1、命宮＋天梁：醫護、生化科技、高級品。

2、命宮＋巨門：律師、歌手、算命師、小吃店。

3、命宮＋太陽：網路、政治、電腦、能源。

4、命宮＋太陰：衣服、化妝品、石油製品。

5、命宮＋廉貞：演藝人員、炒股。

6、命宮＋貪狼：專業能力、修行、武功、琴棋書畫。

7、命宮＋紫微：高級品，泛指一切貴族所用的。

8、命宮＋天機：企劃、計算、命理。

9、命宮＋天同：服務業、醫護、餐廳。
10、命宮＋武曲：軍警、金融、重工業、金屬製品。
11、命宮＋破軍：大批發、貴重、運輸。
12、命宮＋輔弼：秘書、輔助工作。
13、命宮＋昌曲：文書的工作、動筆、文字。
14、命宮＋七殺：軍警、金融、重工業、金屬製品。
15、命宮＋天府：生產事業、農作物種植。
16、命宮＋天相：泛指一切管理皆屬。
17、雙星而論，網路傳播，閃亮亮又嘴巴會說話「太陽＋巨門」也是可以的。
18、比如說官祿庚太陽祿入遷移，轉丁巨門忌入夫妻，這樣子官祿＋太陽祿＋巨門祿也可以是網路傳播，閃亮亮又嘴巴會說話。雙星跟串星也是有異曲同工之妙。

上面的就是從宮、星、象、四化分別說或是組合說。單宮＋星本來誤差就很大；那分別從十二宮去分別論述，這個也是很基礎的功夫，也是必需要先了解的，看單星的誤差很大。所以如果只從星下手，那學了一年半載也是一團混亂的。必須還要加學四化跟宮星象四化一起解釋。

四、命宮＋四化

1、命宮有祿：個性圓融，好相處；沖遷移不對外說，但是會讓人能覺得，不說，也是覺得你這個人好相處。

2、命宮有權：個性霸氣、多自信；照遷移，不對外說，但是會讓人能覺得，不說，也覺得你這個人很自信的。

3、命宮有科：個性文雅、多客氣、優柔；照遷移，不對外說，雖然不說也覺得你這個人也是很客氣的。

4、命宮有忌：個性固執、自我；沖遷移，什麼事都放心裡，不對外說。雖然不說也覺得你這個人也是很固執的。

四、其他宮四化入命宮、命宮四化入其他宮的象義：

（以忌為例）祿權科可以類推。

（一）其他宮四化入命宮：

忌入命，放心裡，沖遷移不對外說。打落牙齒和血吞。

1、命宮自化忌：自己的人生沒有什麼方向，隨波逐流。

2、兄弟忌入命：媽媽的事、兄弟的事、創業、成就的事都放心裡，不對外說。

3、夫妻忌入命：感情的事、配偶的事，都放心裡，不對外說。

4、子女忌入命：小孩的事、合夥的事、性欲的事，都放心裡，不對外說。

5、財帛忌入命：有關錢的事、賺錢、花錢的事，都放在我心裡，不對外說。

6、疾厄忌入命：有關健康的事、工作場所上的事，都放在我心裡，不對外說。

7、遷移忌入命：有關外在待人處事的事，都放心裡，不對外說。

8、交友忌入命：有關朋友的事、同事的事、顧客的事，都放我心裡，不對外說。

9、官祿忌入命：有關工作上的事，都放我心裡，不對外說。

10、田宅忌入命：有關家庭上的事，都放我心裡，不對外說。

11、福德忌入命：有關精神上的事，都放我心裡，不對外說。

12、父母忌入命：有關父母的事、讀書的事、公司的事，都放我心裡，不對外說。

（二）命宮四化入其他宮的象義

1、命宮自化忌：自己的人生沒有什麼方向，隨波逐流。

2、命宮忌入兄弟：執著成就、野心、創業、出人頭地；沖交友，對人分三六九等，現實的區別朋友的等級。

3、命忌入夫妻：執著感情，沖官祿，工作不要忙、累，閒一點，早點退休的好。

4、命宮忌入子女：執著小孩，多慈悲心；沖田宅，離家在外或是多花錢。

5、命宮忌入財帛：執著賺錢，勤儉致富，沖福德，不重視自己的享受。

6、命宮忌入疾厄：重視自己的身體，或是忙或是運動勞動，沖父母，不想讀書，不跟老師、長輩溝通，不重視記憶力，不想記，忘性大。

7、命忌入遷移：個性直率，不想變化大，不應變，想往外怕跑發展；沖命，有什麼話就藏不住。

8、命忌入交友：重視信義、朋友誠信。人生想多方嘗試、重頭再來幾次；沖兄弟，不重視成就、野心，不想往上爬。別人請客，自己搶著付錢。

9、命宮忌入官祿：重視工作，沖夫妻，就不重視感情。

10、命忌入田宅：重視家庭或是私心重；沖子女，就少一點慈悲心，要佈施，先要能自己活下去再說。或是少跟六親往來。

11、命宮忌入福德：重視自己的情緒精神信仰或是重享樂，沖財帛，就亂花錢，或是不想賺錢。

12、命忌入父母：重視孝道、讀書、做人做事、道德；沖疾厄，容易多衝動，或是往外跑。

學生甲問：忌轉忌也是嗎？

周星飛：是！命忌入夫妻，轉忌入父母，也會有命忌入夫妻，跟命忌入父母，這二個象義都有。忌轉忌一樣適用。

13、結論：

a、命忌入父母、交友、子女多是重視人情義理、孝順、慈悲之人；沖疾厄、兄弟、田宅就不守城、不守財之象。

b、命忌入疾厄、田宅、兄弟多半是守城、守財之人；沖父母、交友、子女就少了人情味。這個沒有對不對的事。

第三部份

論命實戰手法、由淺到深

第二十一課

簡單飛化命例

梁派飛星，並不是只有多祿權才能斷事的，簡單的祿權科忌，照樣可以斷事。這個部分是進入深度梁派飛星的基礎篇。專用一祿一權一科一忌的手法來斷事。這個也未必有什麼「大吉大兇」之象。所以不要過於緊張。

一、命例一：

1、家裡水龍頭漏水：

周星飛：比如說二〇一四年踏交友宮，田宅庚天同忌入財帛（流年田宅）又逢生年庚天同忌，家裡有沒有漏水、缺水的問題？因為有忌，就會「房子破了、爛了、舊了」跟「天同忌」有關的。

學生甲：有水龍頭的問題。估計有幾個月吧，以前沒注意。

2、買房子跟房子的整修增建：

周星飛：田宅庚武曲權入子女，福德己武曲祿入子女，請問二〇一五年，子女是流年田宅，二〇一六年子女是流年福德，一五或是一六年時，房子有沒有整建過？

學生甲：有啊。二〇一五年買房，一六年

↖祿

巨門 辛巳 官祿宮	廉貞 天相 壬午 交友宮	天梁 科 癸未 遷移宮	七殺 甲申 疾厄宮
貪狼 權 庚辰 田宅宮	庚年生 女命		天同 忌 乙酉 財帛宮
太陰 右弼 科 己卯 福德宮			武曲 權 祿 36-45 丙戌 子女宮
紫微 天府 文昌 戊寅 父母宮	天機 6-15 己丑 命宮	破軍 文曲 忌 戊子 兄弟宮	太陽 左輔 祿 丁亥 夫妻宮

裝修，因為權入的原因嗎？

周星飛：流年田宅與本命田宅相應了，田宅的權相應，比較像「田宅的增加、擴大之象」。

3、工作位置驛動：出差，或是換工作單位：

周星飛：二〇一六年踏疾厄，官祿以辛文昌忌入父母，沖疾厄二〇一六年流年命宮，請問，有沒有工作上多出差，或是換工作單位？

學生甲：有啊，換了不同的單位，也常常出差。

4、花錢，花到想花的。

周星飛：二〇一七年踏財帛，得生年庚天同忌，這個是說平常很節儉，不過再轉乙太陰

↖祿

巨門 辛巳 官祿宮	廉貞 天相 壬午 交友宮	天梁 科 癸未 遷移宮	七殺 甲申 疾厄宮
貪狼 權 庚辰 田宅宮	庚年生 女命		天同 忌 乙酉 財帛宮
太陰 科 右弼 己卯 福德宮			武曲 權 祿 36-45 丙戌 子女宮
紫微 天府 文昌 戊寅 父母宮	天機 6-15 己丑 命宮	破軍 文曲 忌 戊子 兄弟宮	太陽 祿 左輔 丁亥 夫妻宮

忌入福德，就會一次就把錢花在想花的地方了。

學生甲：農歷五月福德宮。我把錢花在我跟我的小孩的培訓才藝之上，花了之後，覺得手頭緊了。

周星飛：遷移以癸貪狼忌入田宅，再轉庚天同忌入財帛（流月遷移），又逢生年庚天同忌。

相應遷移了。這個相應象義有二個：

a：遷移忌入財帛：不善於處理金錢的問題。

b、遷移忌入流月遷移。等於遷移有生年忌：當宅男女，或是行為有點亂。

所以，你這個錢，花的有點沒大腦，很意外的花。

學生甲：自己也知道。不過，就是阻止不了。

5、沒錢的時候，找男朋友出。

周星飛：二〇一七年踏財帛，得生年庚天同忌，這個是說平常很節儉，不過再轉乙太陰忌入福德，就會一次就把錢花在想花的地方。逢到夫妻丁太陰祿來會。這個就是沒錢的時候，就會找男朋友幫忙出的。

學生甲：是的。男朋友都會幫我出一點的。

一祿一權一科一忌，就可以看出很多的事情出來的。梁派飛星也可以很簡單的。

二、命例二：周星飛的命盤：

1、二〇一七今年工作間：

流年踏父母，丁巨門忌入夫妻，沖官祿，今年按摩、正骨的工作都停了。

任何的命盤上，流年命宮忌入原命盤上的夫妻宮，沖官祿宮，都可能工作會做做停停，或是比較清閒，不想做，不想太累。

2、二〇一七年，再寫第三本書：

二〇一七年，流年踏父母宮丁太陰祿入財帛，今年多教學賺錢，還有寫書賺錢。

父母是「IQ、頭腦裡裝的知識、智慧」能拿出來變成現金。父母祿入財帛，非常簡單的解釋。所以象義並沒有很難的。

3、四六到五五這十年，現金流量好：

大限命宮踏財帛宮以壬天梁祿入命宮。相應了命宮了。

象義二個：

a、財帛祿入命。

b、財帛（大限命）祿入命。等於命宮有生年祿。高興在心裡。所以這十年來財容易高興。

4、十年要去讀書了：

大限踏財帛，以壬武曲忌入父母，二〇一七年就申請中醫大學去念書了。針灸推拿科。武曲忌。剛硬的學習。

紫微斗數命盤-飛星派

忌　　祿

廉貞忌 貪狼 癸巳 36-45 子女宮	巨門祿 文昌忌 科 甲午 26-35 夫妻宮	天相 乙未 16-25 兄弟宮	天同 天梁 文曲科 丙申 6-15 命宮
太陰 壬辰 46-55 財帛宮	辛亥年 男命		武曲 七殺 丁酉 父母宮
天府 辛卯 疾厄宮			太陽權 戊戌 福德宮
左輔 庚寅 遷移宮	紫微 破軍 辛丑 交友宮	天機權 右弼 庚子 官祿宮	己亥 田宅宮

5、這十年牙齒可能會壞掉的。或是臉形會改變的。

大限踏財帛，以壬武曲忌入父母，讓父母宮得「武曲忌」，這個容易牙齒會損壞的，任何這種飛化，忌入父母，都可能會造成「外形」的不好看。或是變成「國字臉」。武曲、武將的臉。

6、遷移庚太陽祿入福德（大限遷移），照財帛（大限命宮）。

這是一種善於處理自己信仰的事，或是想法會非常快的實現之象。有心想事成之象。因為照財帛，也會有金錢上的意外收入。

一祿一權一科一忌，就可以看出很多的事情出來的。梁派飛星也可以很簡單的。

三、命例三：錢能不能留住的飛化跟時間點。

周星飛：所以妳的財帛跟田宅交忌在交友，都是沖「兄弟」，基本上都是「月光族」。像交友宮是大限財帛宮，所以這個大限是「財帛忌入交友（大限財帛），一樣也是留不住錢的大限。那像踏夫妻宮大限的時候，大限是「財帛忌入遷移」（大限財帛），一樣也是留不住錢的大限。

財帛忌入遷移、財帛忌入交友，都是一種花錢之象，留不住錢。

以此類推的話，只有兄弟宮這個大限，財帛壬天梁祿入疾厄（大限財帛），這個可能留的住錢。或是，財帛壬天梁祿入疾厄，轉辛文昌忌入田宅（大限財帛），可能要五二到六二這個大限，也還可能會留的住的。

這個都是簡單的相應的手法的，基本上不會有什麼大錯誤的。

四、再複雜一點的：家中有奇怪的事。

周星飛：田宅丁巨門忌入交友，遷移庚天同忌入交友，遷移、夫妻、福德這個都是「果報宮位」，跟田宅交忌了。你家是不是改過姓的？或是二房生之類的？總是家庭有點「複雜」，比如說可能就反對娶，或是你媽媽不是正房，像妾之類的角色，奴婢的角色。

學生乙：我有改過跟母姓，後來有改回來了。是正房，但我父親找小三，後來直接和小三出走。

周星飛：這種就很常見，田宅忌入交友，沖「兄弟」，這個家「對媽媽不好」。這個家沖你的兄弟姊妹，比如說生不出男的也是正常。因為田宅是「父族」，或是陽宅風水……等，遷移、福德、夫妻是「果報」，所以這個家混亂了，中落了。

學生乙：我父親想要一個兒子，求到快五十歲，他的第三個老婆才生出來。我總共有一個親妹，三個同父異母的妹妹，一個同父異母的弟弟。

周星飛：串連田宅的巨門忌，就容易有這些情況的。尤其還要夫妻、遷移、福德加一個進來交忌。不過田宅剛說的是「父族」，是陽宅風水，所以可能是「這個父系家族業力造成的」，還有

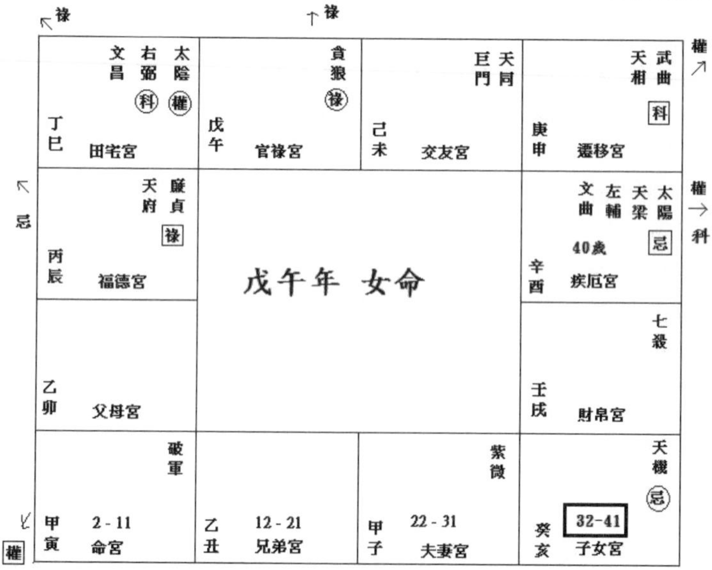

戊午年 女命
丁巳 田宅宮 太陰 權 右弼 科 文昌
戊午 官祿宮 貪狼 祿
己未 交友宮 天同 巨門
庚申 遷移宮 武曲 天相 科
丙辰 福德宮 廉貞 天府 祿
辛酉 疾厄宮 太陽 天梁 左輔 文曲 40歲 忌
乙卯 父母宮
壬戌 財帛宮 七殺
甲寅 2 - 11 命宮 破軍
乙丑 12 - 21 兄弟宮
甲子 22 - 31 夫妻宮 紫微
癸亥 32-41 子女宮 天機 忌
祿
祿
權
權 → 科
忌
權

也可能「陽宅風水」出了問題，所以命理有道理。

學生乙：對了，聽說我出生時，剛好是我祖母撿骨，開棺後是蔭屍。

周星飛：所以風水有問題，蔭屍這種很常見的。常常就聽說，比如說一個家族裡的人連續出事的，多半就是這種「問題」，葬下去有問題。所以這個問題，就會忌入交友，沖兄弟。

1、家族的「錢」就留不住。

2、沖兄弟傷到「兄弟」男丁，沖兄弟，父親的「夫妻」，父親的老婆常常被換掉。

田宅福德串連巨門忌這種，真的很多「怪事」都會發生的。僵尸，屍體沒爛掉，還會繼續長頭髮的。還有一種是「泡在水裡」，我聽過一個家裡父親過世，用了上好的棺木，本來都蓋的好好的，大概過了五到六年，家裡的人連續出事，後來有風水師就說應該墓有問題，挖開之後，蓋的棺木「偏了」，漏出一個小洞，剛好就有水滴進去，把屍體泡在水裡。因為上好的棺木沒爛掉，就變成一個水族箱了。所以也是很奇怪的。

陰宅風水的原理很簡單的，就是死人就變成一個基地台，死人葬在那裡，就會接地氣，接了地氣之後，就傳送給後代子孫，如果地氣是好，後代子孫就好，地氣是爛，後代子孫就有問題。概念上很簡單的，先人變成基地台接地氣。

學生庚：到底火葬好，還是土葬好？

周星飛：這個屍體主要還是要有骨頭的才有用的，如果骨頭都灰掉了，基本上基地台就壞了，就沒啥用了，燒過之後，基地台也就壞了。道理都很簡單的，因為陰宅風水能做得對的，不知道機會多高。所以有一說，「算錯命影響一個人，做錯風水影響一家族」。

土葬的事會愈來愈少的，土地的問題、政府的問題、錢的問題，基本上玩的起的人愈來愈少，當然「價格愈來愈貴」，但是「成功的機會」還是「未知」，我認為這個跟「賭」也沒二樣，很不保險。我後來都覺得燒一燒就算了，別搞死人的事了，活人搞好才是正常的。

所以一張命盤剛好有很多奇怪家庭問題的，多半就在田宅、遷移的交忌上面，當然這個命盤還有一個是子田線上太多忌了，子女宮有生年戊天機忌沖田宅的影響。

一張命盤要分析，不是三句話、五句話就解決了，人生如果那麼簡單就好了。

第二十二課

中級斷事：多宮位斷事

宮位、星性串連多一點了。開始要斷複雜的事情了。

一、命例一：高級主管

周星飛：命主應該是個主管：

a、遷移有破軍命權，兄弟宮癸破軍祿入遷移，再轉庚天同忌入田宅。福德丙天同祿來會。

b、父母乙天梁自化權。

c、兄弟宮有巨門生年祿，巨門自化權。

學生乙：是的。是一家母公司的人事主管。

周星飛：這個也還有老闆的命格，所以將來還可以當老闆。

《飛星梁若瑜看富貴格局》

1、富：以「田宅、兄弟、遷移、財帛」為主。

田宅、兄弟、財帛坐偏財星（廉貞祿、貪狼祿，破軍祿），年祿、命祿。

田宅、兄弟、財帛跟遷移交祿，其中飛化過程有「廉貞、貪狼、破軍」。

田宅跟遷移交破軍、天梁祿權。（田宅癸破軍祿，遷移甲破軍權、田宅壬天梁祿、遷移乙天梁權）之類。

大陸的丁云浩老師(孤魂雲夢)

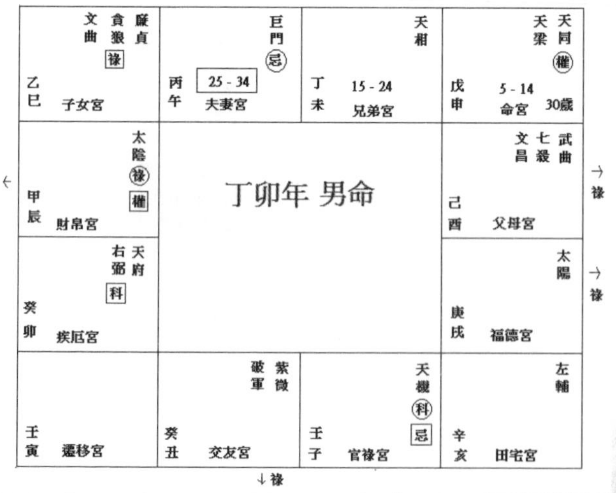

丁卯年 男命
廉貞 貪狼 文曲 祿 乙巳 子女宮
巨門 忌 丙午 25 - 34 夫妻宮
天相 丁未 15 - 24 兄弟宮
天同 天梁 權 戊申 5 - 14 命宮 30歲
太陰 祿 權 甲辰 財帛宮
武曲 七殺 文昌 己酉 父母宮
天府 右弼 科 癸卯 疾厄宮
太陽 庚戌 福德宮
壬寅 遷移宮
紫微 破軍 癸丑 交友宮
天機 科 忌 壬子 官祿宮
左輔 辛亥 田宅宮
→祿
→祿
↓祿
←

2、貴：以「遷移、兄弟、交友、父母」為主。

遷移、兄弟坐偏財星（廉貞祿、貪狼祿，破軍祿），生年祿、命祿。

兄弟跟遷移交祿，其中飛化過程有「廉貞、貪狼、破軍」。

父母、交友跟遷移交破軍、貪狼祿權。（交友癸破軍祿，遷移甲破軍權、交友戊貪狼祿、遷移己貪狼權）之類。

二、命例二：高級主管、創業者

命盤這個我的親人：生年甲廉貞祿入兄弟，兄弟甲廉貞自化祿，命乙天機祿入遷移，轉己文曲忌入兄弟。遷移，兄弟見多祿權：

二〇一四年，世界前五百大公司是德國公司在臺灣分公司的副總經理，公司在「臺北一〇一的樓上」。二〇一五年退休。二〇一七年自己創業。

a、遷移己貪狼權入父母，逢交友戊貪狼祿來會，轉丙廉貞忌入兄弟，又逢生年甲廉貞祿，兄弟甲廉貞自化祿，轉甲太陽忌入官祿宮，逢疾厄庚太陽祿來會，轉丁巨門忌入福德，逢財帛辛巨門祿來會。

b、命乙天機祿入遷移，轉已文曲忌入兄弟；我這個親人長的虎背熊腰，因為兄弟宮多祿，中氣十足。兄弟遷移都有祿，很容易出人頭地。所以，上面說的遷移兄弟有見祿，容易貴象，社會地位高、混的好。

命例三：借盤看：媽媽是財務高管

周星飛：看職業有很多種方法：官祿、財帛、父母都可能工作有關。

官祿辛巨門祿入交友，又逢生年辛巨門祿，轉壬武曲忌入命，逢田宅、父母庚武曲權來會。當然官祿、父母串連「巨門祿、武曲祿權」，在金融業也是合理的。

學生甲：我在金融業。

天機 祿 己巳 遷移宮	紫微 科 庚午 疾厄宮	左輔 右弼 辛未 財帛宮	破軍 權 壬申 子女宮
七殺 文昌 56-65 戊辰 交友宮	甲子生 男命		癸酉 夫妻宮
太陽 忌 天梁 權 丁卯 官祿宮			廉貞 祿 天府 文曲 甲戌 兄弟宮
武曲 科 天相 丙寅 田宅宮	天同 巨門 丁丑 福德宮 忌 權	貪狼 丙子 父母宮	太陰 乙亥 命宮 忌

周星飛：借你的命盤看媽媽，似乎職位也很高的。媽媽的遷移宮有巨門祿，媽媽是「老師」？再轉壬武曲忌入媽媽的父母宮，又逢武曲自化祿，她的福德、官祿又庚武曲權來會？接近高管？因為都一樣也是巨門祿＋武曲祿，然後遷移宮是巨門祿，武曲祿權在「父母宮」，這個就容易「高管」。

學生甲：媽媽事業尚可有貴人，母親財務。

三、命例四：一位設計師，一開始做「復古」設計的。

設計師又分「新潮跟復古」：怎麼區分！

周星飛：閃亮亮了，就是「祿權科」，忌是「暗色」。

學生丁：眼光可以被訓練的！有客人到國外之

天相 文昌 忌 癸巳 遷移宮	天梁 科 左輔 甲午 疾厄宮	廉貞 七殺 乙未 財帛宮	右弼 丙申 子女宮
巨門 祿 壬辰 交友宮	辛未年 男命		文曲 科 忌 27歲 丁酉 23-32 夫妻宮
紫微 貪狼 權 辛卯 官祿宮	媽媽是財務 自已也是金融		天同 戊戌 13-22 兄弟宮
天機 太陰 庚寅 田宅宮	天府 辛丑 福德宮	太陽 權 庚子 父母宮	武曲 破軍 己亥 3-12 命宮

祿

↓科　　↓祿　　↗

後，回國都只找我姐了。你說的也是客人常反應給我們的。

周星飛：雖是廉貞生年忌的才華，但是偶爾有新潮的樣子，因為兄弟甲廉貞祿入官祿，還是會「化祿的」，基本上還是以「復古為主的」，因為生年丙廉貞忌的關係，不過照理來說，廉貞祿的錢比較來的容易一點。比廉貞忌，簡單多了。師公的理論裡也是祿比忌好賺多了。

命主學生：嗯嗯！明白了。自己的喜好戴的都是廉貞忌的飾品，外行人一般看不出其價值。

周星飛：現實生活也是如此，閃亮的東西總是比較吸引目光。

學生丁：姐姐已經設計了二十四個年頭。

命主學生：確實我設計廉貞祿賣得要比忌好，要順應世俗的眼光。

學生丁：手串之前也設計過，只是都沒拍圖就被客人搶走了。

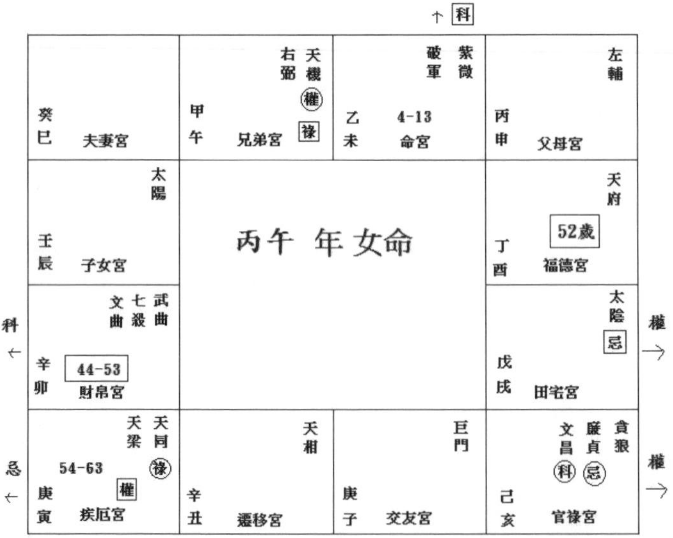

丙午 年女命
科
右弼 天機 權 祿
甲午 兄弟宮
紫微 破軍
乙未 4-13 命宮
左輔
丙申 父母宮
癸巳 夫妻宮
太陽
壬辰 子女宮
天府
52歲
丁酉 福德宮
武曲 七殺 文曲
辛卯 44-53 財帛宮
太陰 忌
戊戌 田宅宮
天同 祿 天梁
54-63 權
庚寅 疾厄宮
天相
辛丑 遷移宮
巨門
庚子 交友宮
貪狼 廉貞 忌 文昌 科
己亥 官祿宮
科
忌
權
權

周星飛：是的，所以命理上的事跟生活也要配合一起的，比如說去年二〇一六年踏父母宮丙廉貞忌入官祿，又逢生年丙廉貞忌，這個就說，你可能二〇一六年設計的東西「復古的會更多一點」。

那像二〇一四年踏兄弟宮甲廉貞祿入官祿，那一年，新潮的東西可能就比較多。不同的流年四化，讓「廉貞」產生化祿、化忌就會產生變化的。這個當然也可以大概判斷二〇一四年的生意或是賺錢會比二〇一六年多，廉貞祿比較好賺多了。

命主學生：嗯！去年是室內的設計以復古禪風為主。手飾也是主打銀飾設計，沒有太多閃亮亮的寶石。二〇一四年是接的首飾設計件很多，二〇一六年室內設計規劃的多，路線不太一樣。

周星飛：嗯，不同的流年會引動不同的情況的，大限、流年、流月、流日也可以一樣套用的。所以，像今年二〇一七年流月三月的時候，又是踏兄弟宮。

命主學生：所以設計或賣的東西又跟廉貞祿有關了，是嗎？

周星飛：是的，那五月踏父母宮也丙廉貞忌入官祿，又是復古、老樣子、老樣式。踏田宅戊貪狼祿入官祿，這個也是房地產變工作的飛化。貪狼祿是「禪風」，貪狼祿就是木頭、修行為主的。

如果是「貪狼忌」搞不好就是死人的生意，或是買賣很老的木頭，或是有問題的木頭。也可能買到不對的木頭。比如說貪狼忌，明明就是花了大錢，買好的沉香好，一拿去鑑定，「沒價值」。

命主學生：老師，那我今年福德流年命宮丁太陰化祿入田宅，可以解釋說今年重心在修行、唸經嗎？

周星飛：福德祿入田宅，講的也是念經給家裡也對，或是對家裡的人好，也對。太陰祿，女神之類的。觀世音菩薩、大悲咒、心經……等。

命主學生：那我生年丙文昌科在官祿又是什麼？

周星飛：那也是工作有安排，有計劃的，或是斯文。科本來就是數字三。慢慢來安排。文昌科就慢慢動筆劃圖吧！

那下個大限踏疾厄得很多天同祿權，那財帛、還移辛巨門祿入交友，再轉庚天同忌入疾厄，又逢生年丙天同祿，父母丙天同祿，福德丁天同權來會。下個大限命宮，好多天同祿權，可能有：

a、喜歡跟人聊天，還移辛巨門祿入交友。

b、吃吃喝喝，到處玩。巨門祿＋天同祿。

c、公司經營很好。

d、旺長輩，或是變聰明。

e、工作環境好，有活水、泉水。

f、健康狀況良好。長壽之象。

命主學生：我也希望有這種生活的。

第二十三課

最複雜的斷事法：融合五術

看懂這篇，絕對就已經是融合五術的高手了。

故事一：二〇一六年故事。與丁老師談論陽宅風水之事。非常重要。

周星飛：孤魂云夢，你家的陽宅，是不是準備要動什麼了?在正西方?文昌位?

孤魂云夢：我在正西方打算加個推拉門，今年有超好的雷霆課，所以我去年裝修故意留了正西方的門，今年在裝。

周星飛：這個位置，不好處理的，天機忌，文昌忌，武曲忌。

孤魂云夢：也是我頭大的位置，廁所在那裡？房子沒法改，硬傷。

周星飛：看看用，子女宮，巳位，乙天機祿入官祿在轉王武曲忌入父母，用巳位的祿，帶到子位，再轉到酉位，或者用戌位，福德庚武曲權去加強武曲自化祿，單用子位，或者亥位，會直接化忌入酉宮，直接傷父母疾厄一線。如果用擇日來看，只能用乙巳的子時？或是庚戌之日？我發現象忌轉忌，或者祿轉忌，這種複雜的流動，必需要配日時，才可以用，或是要配日時，才可以用，不能單獨而存在，像福德庚戌以庚武曲權入父母，這種就直接用庚日，就可以了，不用在配合什麼時辰的。

大陸的丁云浩老師(孤魂雲夢)

廉貞 貪狼(祿) 文曲 乙巳 子女宮	巨門(忌) 丙午 25 - 34 夫妻宮	天相 丁未 15 - 24 兄弟宮	天同(權) 天梁 戊申 5 - 14 命宮 30歲
← 太陰(祿)(權) 甲辰 財帛宮	丁卯年 男命		武曲 七殺 文昌 己酉 父母宮 →祿
天府 右弼(科) 癸卯 疾厄宮			太陽 庚戌 福德宮 →祿
壬寅 遷移宮	紫微 破軍 癸丑 交友宮	天機(科)(忌) 壬子 官祿宮 ↓祿	左輔 辛亥 田宅宮

孤魂云夢：加個門，就會形成個暗庫，或是用戌位福德庚武曲權去加強武曲自化祿，我把戌放進去了，去年戌月布的局。你說巳，是提醒我了，我在巳月放個蛇進去。

周星飛：那個巳位的祿轉忌，就像打撞球，二顆星進洞。

孤魂云夢：巳加武，就是真武，我放真武，或者玄武，什麼都有了。

周星飛：應該是玄武，所以祿轉忌，忌轉忌，有點複雜了，就必須招式就要多了，有點像連環招，才能打出大絕招，這個就是梁派的祿轉忌，逢祿來會，這種一祿加一祿等於二祿，當然還可以繼續往上加，在轉忌，攜二祿往下一個宮位而去，在逢祿來會，就會得三祿。愈多祿就愈厲害。

孤魂云夢：我計畫丙申，癸巳，庚寅，丁亥時。

周星飛，申巳寅亥？太歲頭上動土？我覺得還是緩一緩吧，動酉，留著尾巴就算了。

孤魂云夢：嗯，不怕了，大修大發。不是太歲，尾巴要亥月了，加個門。

周星飛：小改一下就好了，壓著不動就算了，畢竟就命盤而言，不好處理。事倍功半，上面說的對你有幫助嗎?命盤裡有風水，有擇日。

孤魂云夢：有呀，特別是玄武，斗數擇日非常厲害，可惜只能摸著石頭過河。

周星飛：隱惡揚善就好，動好的氣，把不好的氣壓著就好，完美的人事物太少，上面說的擇日方法，命盤上就有了，剩下的就是實戰而已，慢慢來吧，總有一天會突破的。

孤魂云夢：我知道斗數擇日可以石破天驚，人家家傳，沒辦法，不外傳。

周星飛：我說啊，不就天干地支嗎？那有什麼好得意的。

孤魂云夢：對啊，問題是這水太深。

周星飛：就祿轉忌，忌轉忌去想，你就會明白很多，你命盤，命宮戊天機忌入官祿，轉壬武曲忌入父母宮，田宅辛文昌忌入父母宮，你如果用申，子，亥就會影響到酉，人家不是說，申子辰，就是合嗎？不是說，申酉戌也是合嗎？但是在命盤上就是有問題。

孤魂云夢：重用巳戌。

周星飛：巳＋子＋戌，子是一個過客，或是像一個轉接站，反射鏡。

孤魂云夢：那就只有律呂可用，那我需要追加卯兔，才能配局。不然律呂合不齊。

周星飛：所以卯酉對沖，在八字上不能用，傳統的擇日法也不用。

孤魂云夢：律呂不忌。

周星飛：申子辰，都說可以用，一用擇日保證出大問題，一樣的道理，房子就是有人合，有人不合，都是命的關係，再論，天機有個生年科，所以科就有緩發之象，所以必然子位上的東西，有三，科是三，也是三個月，或是三年之類，所以未必要強發。

孤魂云夢：那就是律呂。

周星飛：科只能緩忌的傷，但是權就是強發了。慢一點，福德庚武曲權入父母，這個就是強發之象。

孤魂云夢：我放戌狗，半個月之內進了十多個。

周星飛：所以，我也認為這個酉位的處理，最好是打三年抗戰計畫，而不要一次到位。

孤魂云夢：那我就留點尾巴工作。

周星飛：畢竟，今年的流年命宮，直接忌轉忌入酉了，要在太歲頭上動土，我覺得不太明智，緩緩就好了。順天時，應人命，這個擇日也是你給我的啟發，上次看你的命盤，有一次，你用甲催財，就突然明白了，飛化（田宅宮辛巨門祿入夫妻宮，夫妻宮丙廉貞忌入子女宮，逢財帛宮甲廉貞祿入來會），辛亥，配甲辰，田宅跟財帛交祿，所以你的陽宅風水能催財，但是我的陽宅風水就不能催財了。

孤魂云夢：我修巳都會用甲，我的方便自己的房子，隨便修，樓房修起來諸多不便。

周星飛：每個人的命不同的，你看你命盤是不是也是這樣子？辛亥，丙午，乙巳，甲辰。

孤魂云夢：我走乙巳。

周星飛：豈不是很爽，這樣子的擇日就和你所用，但未必能合別人用，趕緊熬過夫妻的生年丁巨門的大限。還有巨門忌在午，直接沖鼠，所以在生肖姓名學上或是圖像上也不能用鼠的事物，所以，也不能買社區是天子傳奇之類的名字，內含子，或是萬馬奔騰之類的，都不適合你用。

孤魂云夢：怕老鼠，絕對不用老鼠。

周星飛：所以你把姓名學，也加進來，就更加明白了，生肖姓名學，你只要了解，那些字就好了，那些字不能用就好了。

故事二：丁老師說明陽宅風水的案例。二〇一四年案例。

孤魂云夢：周師父，了解過八宅嗎？裡面有大道道，先天八卦，後天八卦搞熟悉。記住，方位，對應，人事物。這個讓我看，當時羅盤都沒拿，進屋就說，要打官司了，結果正在打，而且車被公家扣了，這個形成了馬星高樓逼壓，犯官非。

高樓在正南，今年午年，午午自刑了，刑為官非。這種火星煞也形成了，所以你說火旺，有原因，最大的原因是高樓比壓。這個是重點，那個點是落井下石，這種局無解，說化解都是騙人的，建議搬走。就像人得了癌症，並且是救治不好的，還建議人家化療一樣，一邊謀財，一邊害命。倒楣人，自然住進來，你不用擔心這種別墅沒有人住。

所以很多看風水的，說化解就好了，拿人錢不辦事，還有一個大師，要了人家三萬，說其他都能化解，就是避免不了酉年家裡死人，你見過這樣的嗎？人家拿三萬，乾脆酉年出去租房子好了。跟病是一樣的。有的病能治，有的不能治。但風水師過去一說化解不了，這個錢也不好意思拿啊，就是給你打安慰針，說能化解，最後你出事！還是各人有各人命吧！

故事三：命盤上氣的運行跟十二經絡運行不一樣。

周星飛：你的脊椎、骨盆歪的很嚴重。是需要好好的整骨一番了。子午線上多巨門忌天機忌，這個就是長時間看書跟勞動過度的後遺症了。

孤魂雲夢：謝謝周師傅提醒，〇九年腰肌勞損過度。積勞成疾了。

周星飛：巨門生年忌在「夫妻」宮是「午宮」，也容易頭部寒氣重，容易引發頭痛。午宮也是心經，所以心經也容易塞住，引發「心律不整之象」，再轉丙廉貞忌入子女，這個「心經」塞住之後，也會把寒氣帶到「巳、脾經」之上。所以，命盤上，氣的流動，跟一般的「中醫的十二經絡」運行，有不一樣的地方。這個可以多加參考的。

任何看懂第二十三課的課，基本上，就是「中」師級了。斗數、風水、擇日、醫學都「半通」了。算是厲害了。

第四部份

綜合論述

第二十四課

五術上，各有擅長的老師

一、厲害的老師：

在鬼神論上已經說過了：梁若瑜老師、陳義承老師、孤魂雲夢丁老師、周星飛老師、紫微白娘子、地球老師，依婷老師。

二、這次寫幾位，也不錯的老師們：

廉貞 貪狼(忌) 忌 丁巳 父母宮	巨門(權) 文昌 科 戊午 福德宮	天相 己未 田宅宮	天同 祿 天梁 文曲 庚申 官祿宮 ↗忌
太陰(科) 右弼 丙辰 命宮	傾城老師		武曲 七殺 辛酉 交友宮
天府 乙卯 兄弟宮	癸亥年　女命		太陽 左輔 壬戌 遷移宮 ↗科
甲寅 夫妻宮	紫微 破軍(祿) 乙丑 子女宮 ↙權	天機 權 甲子 財帛宮	癸亥 疾厄宮

1、大陸老師：傾城老師

塔羅，古典占星，白魔法，飛星斗數了，也涉獵過芳療，水晶能量，但以後不準備往這塊發展。以後想開一個玄學館，專玩五術。

2、台灣人在大陸生活：妙斌老師

道家占驗派，臺灣輔仁大學宗教學道教專業畢業之研究生，多年從事命理教授。

周老師說：「妙斌老師，易經卜卦一流」。因為，遷移宮有天同生年祿，這個容易跟「風水、卜卦」類的有關。

遷移有天同生年祿，也容易像個小孩子一樣，很天真的。人也很客氣的。

天相 癸巳 父母宮	天梁 祿 甲午 福德宮	廉貞 七殺 忌 乙未 田宅宮	丙申 官祿宮
巨門 左輔 壬辰 命宮 （科）	妙斌老師	丙辰年 男命	丁酉 交友宮
紫微 貪狼 權 辛卯 兄弟宮			天同 右弼 祿 戊戌 遷移宮 （→科）
天機 太陰 文曲 權 庚寅 夫妻宮 （科）	天府 辛丑 子女宮	太陽 文昌 科 庚子 財帛宮 （祿）	破軍 武曲 忌 己亥 疾厄宮 （祿）

3、台灣老師，紫微茱算：茱茱老師

『從小就是在五術的環境中長大，家裡的風水工作超過了三代，連奶奶都是所謂的收驚的神婆，對我而言，神明就是家裡的大家長，什麼都管什麼都不奇怪，難過時告狀，高興時分享，也許是遺傳，也許是耳濡目染，對我而言，對五術的興趣在平輩中的是偏高的，國中時玩過塔羅、測字，連收驚也是能應應急。至於家裡的風水學對我來說，就是生活的一部份，照著氣的流轉、順暢、停滯，我都能感受的到，直到二十出頭歲，認識一位斗數老師，在命盤中，我看到星星的飛行的軌道及氣的流轉，太微妙了！一張A4大小的紙，上面寫上

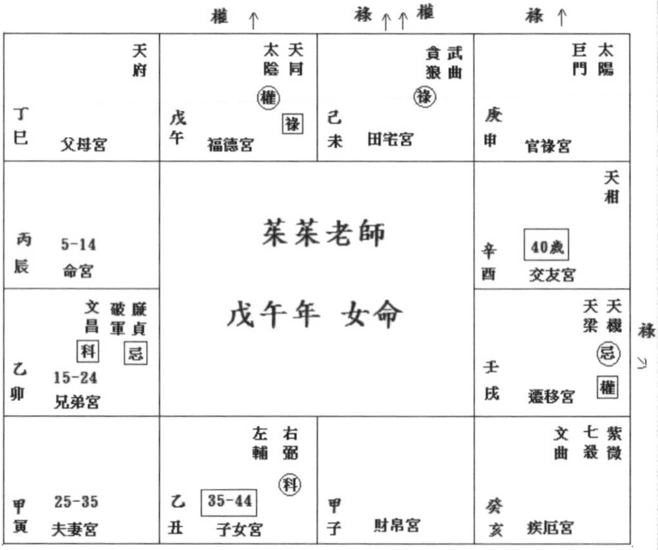

權
祿
權
祿
天府
丁巳 父母宮
天同 太陰 權 祿
戊午 福德宮
武曲 貪狼 祿
己未 田宅宮
太陽 巨門
庚申 官祿宮
丙辰 5-14 命宮
茱茱老師
戊午年 女命
天相
辛酉 40歲 交友宮
廉貞 破軍 文昌 忌 科
乙卯 15-24 兄弟宮
天機 天梁 忌 權
壬戌 遷移宮
祿
右弼 左輔 科
乙丑 35-44 子女宮
甲寅 25-35 夫妻宮
甲子 財帛宮
紫微 七殺 文曲
癸亥 疾厄宮

星星的名字，就能有如此變化！簡直是發現新大陸，就這樣，我一頭栽進的紫微斗數世界栽在滿天星辰，看著的星星跟我說的故事。』

4、大馬老師：Joey 童之音

Joey 簡介，從事青少年教育工作多年，馬來西亞註冊心理輔導師。

美國認證催眠師（NGH），線上生命靈數導師。專研四化飛星紫微斗數，喜歡塔羅、八字、奇門遁甲、風水。

天童之音
丙寅年 女命
天同 祿 癸巳 疾厄宮
武曲 天府 文昌 科 甲午 財帛宮
太陽 太陰 權 乙未 33-42 子女宮
貪狼 祿 文曲 丙申 23-32 夫妻宮
破軍 左輔 壬辰 遷移宮
巨門 天機 權 忌 丁酉 13-22 兄弟宮 32歲
辛卯 交友宮
紫微 天相 右弼 戊戌 3-12 命宮
廉貞 忌 庚寅 官祿宮
辛丑 田宅宮
七殺 庚子 福德宮
天梁 己亥 父母宮
科
忌
科
科
忌
科

5、大陸老師：調調老師

涉獵紫微斗數、八字、西方星座逾十年，專事諮詢和教學各五年、兩年。閒居大理，開辟「紫微小院」連鎖民宿，廣結眾生緣。理想：著書立說，開館接地，普及國粹文化。

6、台灣老師：乙玄老師

喜好神學宗教，故善長敬神祈福摺紙藝品。對神秘未知的知識有追根究底的研究精神，喜歡研究命理、經文、符令、風水。

飛星紫微斗數、陽宅風水，紫微斗數博大精深，自己會永遠抱著謙虛的心去學習和體會，將老祖宗的智慧傳承下去。

天相 乙巳 35-44 子女宮	天梁 (祿) 丙午 25-34 夫妻宮	七殺 廉貞 丁未 15-24 兄弟宮	戊申 5-14 命宮
左輔 文昌 巨門 (科) 45-54 甲辰 財帛宮	調調老師		46歲 己酉 父母宮
貪狼 紫微 祿 (權) 癸卯 疾厄宮	壬子年 女命		右弼 文曲 天同 科 庚戌 福德宮
太陰 天機 權 忌 壬寅 遷移宮	天府 癸丑 26-35 交友宮	太陽 壬子 官祿宮	破軍 武曲 (忌) 辛亥 田宅宮

7、大陸老師，夏乙老師：「通靈就不敢通」

從事紫微斗數命理教學、命理師的工作。

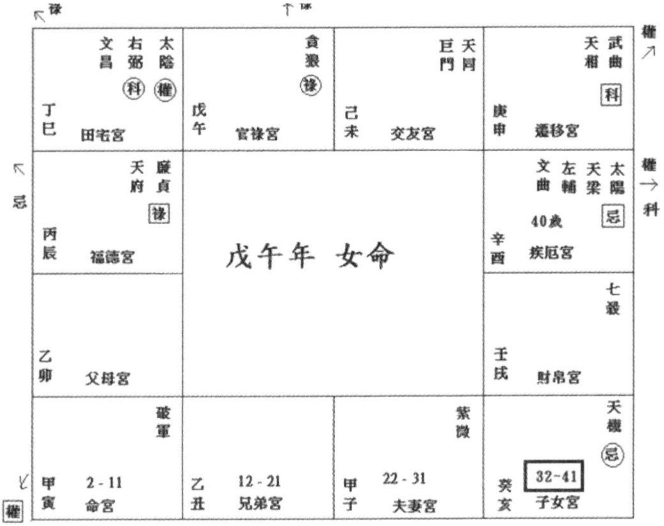
戊午年 女命
太陰 右弼 文昌 權 科 丁巳 田宅宮
貪狼 祿 戊午 官祿宮
天同 巨門 己未 交友宮
武曲 天相 科 庚申 遷移宮
廉貞 天府 祿 丙辰 福德宮
太陽 天梁 左輔 文曲 忌 40歲 辛酉 疾厄宮
乙卯 父母宮
七殺 壬戌 財帛宮
破軍 甲寅 2-11 命宮
乙丑 12-21 兄弟宮
紫微 甲子 22-31 夫妻宮
天機 忌 32-41 癸亥 子女宮
祿
權
科
忌

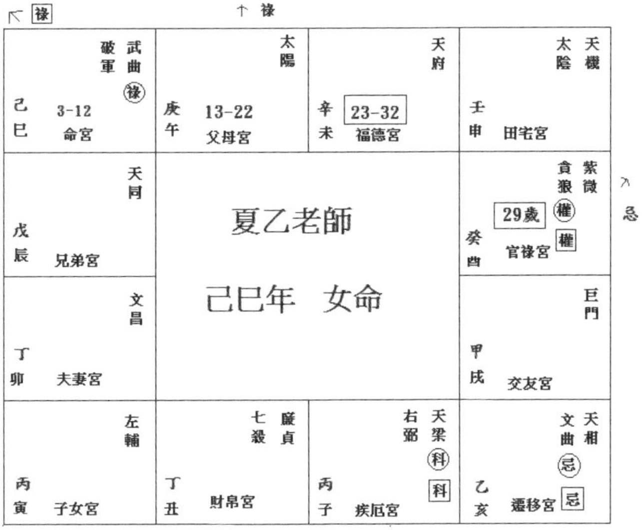
夏乙老師
己巳年 女命
武曲 破軍 祿 己巳 3-12 命宮
太陽 庚午 13-22 父母宮
天府 辛未 23-32 福德宮
天機 太陰 壬申 田宅宮
天同 戊辰 兄弟宮
紫微 貪狼 權 29歲 癸酉 官祿宮
文昌 丁卯 夫妻宮
巨門 甲戌 交友宮
左輔 丙寅 子女宮
廉貞 七殺 丁丑 財帛宮
天梁 右弼 科 丙子 疾厄宮
天相 文曲 忌 乙亥 遷移宮
祿
忌

第二十五課

該注意的事項

一、離婚辭祖的問題：

這個問題也要處理的。非常重要的事。

1、離婚時女生若沒有「辭祖」！夫家的祖先依然會認定此女為我家的媳婦。若女生再尋求下次姻緣，就會給予干擾；若與其他男生在一起，就會讓工作、財庫……等諸事不順，健康也不佳（特別是子宮），事情可大不會小！同時也讓此女無法回歸父家，讓自己本姓的歷代祖先照護。所以離婚的女生，一定要辭夫方的祖。

2、在備妥所有東西要離開時，在夫家的歷代祖先牌位前，點一柱香，禮敬稟言（不卑不亢）：X家歷代祖先在上，我〇〇〇已與X家子孫XXX離婚。從現在起我不再是X家的媳婦。從今爾後，X家累世累劫的因緣果報與我無關！不要來相找。告辭！（註：不是再見哦！）上香，頭也不要回，離開！

3、若夫家不給「辭祖」、或家中沒有祖先牌位、或事後才知道要「辭祖」……此時，可以請夫家所在地的「土地公」，代為通知對方的歷代祖先。帶水果三樣各取奇數、併壽金、福金、刈金上供禮敬　土地公，恭請祂幫忙的。旁邊再準備一份水果（三樣各取奇數），目的是準備給「土地公」去夫家時帶的。禮香同一般的流程！

稟言：〇〇宮的土地公在上！弟子〇〇〇家住……。今天是為了「辭祖」的事情，來恭請土地公幫忙。在土地公的轄區內地址……，X家的XXX是弟子當年離婚的對象，當時沒有「辭祖」，現在也不方便再進入X家。恭請土地公知通X家歷代祖先：弟子不再是X家的媳婦，早已跟X家累世累劫的因緣果報無關！不要來相找弟子了！這裡備有水果一份，恭請土地公一併帶去。為此，弟子對土地公感恩不盡！

在進香、化完金紙後，所有供品放在原處，不要理、不要問也不要看，離開即可。

備註：所以女性在這方面都是弱勢的。似乎千百年來都是如此的。大家盡量把「人、鬼、

神的事「都弄清楚弄圓滿一點，這個」陰間的倫理「誰定的，我也不知道，也不要問為什麼，就照著作就好了。一切以禮相待就好了。不要有什麼怨恨。

二、看命盤業力的干擾

卡陰，不管怎麼卡的，都是有緣，都要以禮相待，念經迴向，能修就一起修，不能修的話，陰也會自己就離開的。所以，卡著的話會對生活產生影響的。陰會讓你沒家庭的溫暖的，讓你窮，讓你生病。所以，學習這個山醫命卜相，更必須誠意正心的。千萬別在「業力正重的時候」去處理事情的，很容易處理不好，就硬幹，造惡緣。

怎麼解決呢？比如說，念經迴向跟供養食物二個方法。

三、比如說「命運」是什麼？

以上帝來說，是「上帝」安排一個「方程式」在我們身心靈裡在運作；以佛教來說，是「累世的因果」綜合得出一個「方程式」在我們身心靈裡在運作。

所以，命運能不能改？當然可以改。如果不能改，我們還要努力什麼？就只是「改寫方程式」而已，當然改寫程式不容易。所以我們學命理，首先一定要能改善自己。總是今天比昨天好，明天比今天好，那就對了。

四、學了命理之後，就不要怪任何人任何事

不是誰對誰錯的問題，就是因為「命運」就造成「我們的問題」，我們的問題，又會造成「命運」。想通這個事之後，就是佛家裡說的「把惡緣到這裡為止了」，剩下的，就是造善緣了。那至於「欠債」到底欠多少？我也不知道。所以，命理師在任何的人際關係上，父子、夫妻……等等，都是勸和不勸離，當然，對我來說只要「命主」想清楚就好了，離不離是命主自己決定的事。

學生乙：老師，那我們可以陳述事實，如果斷錯了呢？

周星飛：斷錯了，是命理師的錯。命主自己不反省，這件事就沒有解決的一天的，所以，命主跟命理師各有各的「責任」，命主也不要期望命理師把事情「解決了」。花錢就

能消災了。那是不可能的事。

五、每天念念：簡短的《懺悔三昧》把透支的福報找回來

——懺悔三昧，每天念三遍，不要小看——

無論是過去，現在，或是未來。因身、口、意的造作，被我傷害過的（因緣）眾生。或因身、口、意的造作，所招感的諸多不順和苦難。不管是身體上的，還是精神上的。我都願意接受（業果法則）。並慚愧的懺悔。因為無明，因未聞四種真諦，無量劫來，我們彼此傷害，冤冤相報，枉受諸苦於六道中，無有出期。我們都希望解脫。

願一切被我傷害過的眾生，無精神的痛苦，無身體的痛苦，願你們保持快樂。

願一切與我有因緣的鬼道，非人眾生，得聞佛法，投生善道，趨向解脫。

願一切與我有因緣的人或非人眾生，分享我善業的功德，並回答：善哉！善哉！善

哉！

願一切眾生分享我的功德。

——懺悔三昧，每天念三遍，不要小看——

人有幾個問題很麻煩的：

a、墮胎：極大殺業，把自己的親人都殺死了。

b、殺業：吃的喝的戰爭的，利益衝突的。

c、不祭祖，得罪祖先來降罪。

更說明白點，都是「人跟鬼」、或是「人跟動物鬼」的問題。

聽說念這個「懺悔三昧」是補自己的能量、消業障的。把自己的神、氣加強，把功德迴向給冤親債主給他們能量，他們就能離開的。重點在「懺悔、迴向」止惡、揚善。

所以，盡量少吃肉，多吃素。多念經、多回向給過世的親人，在世的親人，及一切眾生。就能讓生活更好一點的。

周星飛老師的紫微斗數網路教學的說明

1、緣起：

我熱愛教學紫微斗數，十年來都在網路上教學的。因為，大概九年的時間教學都是免費教的。免費教也很認真教的。那學生幾百人，問的問題千奇百怪的，都要用命理來說明，所以，這九年的時間，打下來扎實的基礎的。也深刻的知道，從零基礎的人要怎麼樣教，才會快一點進入紫微斗數的學習圈裡。所以我教的，一定都是能用的。這個也是我的老師教我的命理，一定要實際印證過的。沒印證過的，不敢教的。所以，從二〇一六年開始，就開始有收費班的教學的。

2、辦學的目的：

a、長期的陪伴：學命理，一定要有人長期的陪伴著學習的、老師、同學一起的教學、成長。如果在實體上課，面對面，那是不可能的事的。時間、金錢，那都是要很高的代價。也只有現在「手機、網路」發達的時間才可以作到「陪伴」的事。有問題，電腦、手機群組裡問一下，就知道答案了。不然，有問題，問不到人，就是一個問題。

b、降低學習成本：手機、網路，本來就是學習成本最低的方法。實體上課太貴了。我聽說有些學生，都學到要欠了一堆卡債來學習的。那就很難保證，萬一撐不住壓力，這些還沒「成熟」的學生會不會亂搞啊？那這樣子，學習命理就變成一個「害人的事了」。

3、辦學的方法：在微信群、或是QQ群開班。

a、長期一年班：每星期固定要上一堂課。平常都可以討論學習的。一年課程：舊生是台幣一萬元，新生是台幣一萬五萬。

b、三個月基礎班：一星期上一堂課。三個月課程。三個月是台幣三千元。

c、一個月的0基礎班：一星期上一堂課。一個月課程是台幣一千二百元。

d、長期可以，一樣可以參加b＋c的課程。

e、b＋c的學生，補足差額一樣可以參加長期班的。

4、加入我的微信：CHOU0920153145，或是掃描QR。

QQ號：860990928。

磚家周星飛

國家圖書館出版品預行編目資料

零基礎到了解紫微斗數的二十五堂課／周星飛著.
——第一版——臺北市：知青頻道出版；
紅螞蟻圖書發行，2017.11
面　；　公分——(Easy Quick；160)
ISBN 978-986-488-192-5（平裝）

1.紫微斗數

293.11　　　　　106015823

Easy Quick 160

零基礎到了解紫微斗數的二十五堂課

作　　者／周星飛
發 行 人／賴秀珍
總 編 輯／何南輝
校　　對／江一帆、周英嬌、周星飛
美術構成／沙海潛行
封面設計／引子設計
出　　版／知青頻道出版有限公司
發　　行／紅螞蟻圖書有限公司
地　　址／台北市內湖區舊宗路二段121巷19號（紅螞蟻資訊大樓）
網　　站／www.e-redant.com
郵撥帳號／1604621-1　紅螞蟻圖書有限公司
電　　話／(02)2795-3656（代表號）
傳　　真／(02)2795-4100
登 記 證／局版北市業字第796號
法律顧問／許晏賓律師
印 刷 廠／卡樂彩色製版印刷有限公司
出版日期／2017年 11 月　第一版第一刷
　　　　　2023年 6 月　　第三刷（500本）

定價 320 元　港幣 107 元

敬請尊重智慧財產權，未經本社同意，請勿翻印，轉載或部分節錄。
如有破損或裝訂錯誤，請寄回本社更換。

ISBN 978-986-488-192-5　　Printed in Taiwan